고등학생을 위한
경제학 입문

【신판】

KOKOSEI NOTAMENO KEIZAIGAKU NYUMON[SHIMPAN]
by Takashi Oshio

Illustrated by Natsuki Suyama

Original Japanese edition published by Chikumashobo Ltd.

This Korean edition published by arrangement with Chikumashobo Ltd., Tokyo, through EntersKorea Co.,Ltd.

고등학생을 위한 경제학 입문 【신판】

오시오 타카시 (小塩隆士)

노엔북

일러두기

독자의 이해를 돕기 위해 화폐 단위(엔→원), 금액 단위(1엔→10원)를 변경했고, 일본 현황을 이해하는데 필요한 부분은 화폐단위를 엔으로 표기하였습니다.

들어가며

이 책은 고등학생들에게 경제학 기초를 가르치기 위한 입문서입니다. 그런데 고등학생들이 과연 경제학에 흥미를 느끼고 있을까요? 그것이 문제입니다. 고등학교 교과목 중 일부에 경제학과 관련된 내용이 들어있지만, 상세히 다루지는 않습니다. 대학 입시에서도 이 과목들은 그다지 중시되고 있지 않습니다. 대학의 경제학부에도 경제학을 공부하려는 명확한 의도를 가지고 입학하는 학생은 그다지 많지 않을 것입니다.

반면, 일반인들을 대상으로 쉽게 쓰인 경제학이나 경제 관련 서적들은 상당히 잘 팔리고 있는 것 같습니다. 아무래도, 「시간을 들여 차분히 경제학을 공부하는 것은 귀찮지만 어쨌든 경제학은 배우고 싶다」고 생각 사람은 늘고 있으니까요. 그 배경에는 경기 침체와 경제 격차, 재정 적자 및 연금 문제 등 경제문제에 대한 관심은 지속적으로 높아지고 있기 때문이겠죠.

이 책은 고등학교 수업 시간에 경제학을 배우고 있는 고등학생, 경제학부에 진학하기 전에 경제학을 사전에 좀 예습해 두고 싶어 하는 고등학생, 그리고 주변의 경제 현상에 관심이 생기기 시작한 고등학생 등을 대상으로 하고 있습니다. 고등학생이 아니더라도 대학에서 경제학을 막 배우기 시작했거나 혹은 이미 배우고 있는 경우에는 예습 ·복습용으로도 이 책은 도움이 됩니다.

그런데 실제로 경제학은 사회생활을 시작하고 나서야 이해되는 부분이 많습니다. 경제에 대한 문제의식도 사회생활을 하면서 학생때보다 훨씬 강해진다고 볼 수 있습니다. 오히려 일반인들이야말로 이 책을 경제학 전반을 다시 공부하는 데 부담 없이 읽을 수 있는 책이라고 보시면 됩니다.

이 책의 초판은 2002년에 나왔습니다. 20년 동안 많은 분이 읽어주셔서 정말 감사합니다. 그런데 초판 이후 경제 상황이 많이 달라졌고, 고등학생들이 경제학을 배우는 학습 환경 또한 상당히 달라져서 이번에 대대적으로 내용을 수정하였습니다.

특히 이번 개정판에서는 초판에서는 다루지 않았던 외국과의 거래, 은행의 정책 등 금융 부분을 좀 더 상세히 다루었고, 저출산의 배경으로 관심이 높아지고 있는 「세대(世代)」의 중요성도 고려하여 집필하였습니다.

경제학의 기본적인 개념이나 경제 현상 중에서 중요한 부분은 지나치다 싶을 정도로 꼭꼭 씹어 해설하는 방식은 초판부터 변함없이 고수하였습니다. 또한 교과서나 수업 시간에는 자주 생략되지만 중요하다고 생각되는 부분은 특히 힘을 실어 설명했습니다. 마지막에는 키워드 색인을 넣었으니 궁금한 용어가 있을 때마다 찾아서 이용해 주시기를 바랍니다.

고등학교나 대학 수업에서 접하게 되는 경제학 부문, 매일 접하고 있는 경제 뉴스나 기사들을 쉽게 이해하는 데 이 책이 조금이라도 도움이 되었으면 좋겠습니다.

한국 독자분들께..

이번에 본서의 한국어판을 출판하게 되었습니다. 이 책이 한국의 독자분들, 특히 젊은이들에게 소개되어 필자에게는 더할 나위 없는 영광입니다.

일본에서 경제학은 고등학교 수업 시간에 약간 접하고, 대학생이 되어서 본격적으로 공부합니다. 경제학은 구미에서 발전해 온 학문입니다만, 배우는 내용은 세계 각국이 거의 공통적이므로 이 책은 한국의 독자분들에게도 알아 두시면 도움이 될 만한 내용을 많이 담고 있습니다.

하지만, 본서에는 일본 경제의 현상이나 정책 과제를 염두에 두고 쓴 곳도 있습니다. 그 부분은 필자의 설명이 한국의 상황에 어디까지 적용되는가 하는 관점으로 접근하여 한번 읽어 보시기 바랍니다. 한국과 일본의 경제 상황을 비교함으로써 경제학의 이해가 더욱 깊어질 것입니다. 본서가 한국의 독자분들이 경제학을 배우는데 많은 도움이 되기를 간절히 바랍니다.

오시오 타카시(小塩隆士)

목차

일러스트레이션 = 스야마 나츠키(須山奈津希)

서 문

경제학을 배우기 전에

1 경제학은 어떻게 배우고 있는가?

† 가볍게 지나치는 「경제」 과목

이 책은 『고등학생을 위한 경제학 입문』이라는 책 제목처럼 우선은 고등학생을 염두에 두고 쓴 책입니다. 부끄러운 이야기이지만 필자는 고등학생 때 경제학이라는 학문이 있다는 것도 몰랐고 경제 문제에도 거의 흥미가 없었습니다.

사회 과목 중 하나로 「정치·경제」를 접했던 것만 생각나지 이 책에서 설명하고 있는 시장 메커니즘이라든가 경제 정책에 대해서는 배운 기억이 없습니다.

대학입시 때는 사회 과목으로 「역사」, 「세계사」와 같이 「정치·경제」는 「수학」이나 「물리」, 「화학」에 비해 수험생들에게는 그냥 가볍게 훑고 지나가는 과목이지 집중해서 공부할 과목은 아니었습니다.

지금은 어떨지 궁금하여 실제로 고등학교에서 사용되고 있는 교과서와 참고서를 대략 검토해 보았는데 솔직히 거기에 나오는 경제나 경제학에 대한 설명이 그다지 매력적이라는 느낌은 들지 않았습니다. 단편적인 내용들만 모아놓은 것이라 거기에 최근의 경제 뉴스를 좀 가미해서 경제에 대한 흥미를 유발한다고 해서 학생들이 공부할 마음이 생길 것 같지는 않았습니다. 게다가 선생님들 또한 학생들을 가르치기 쉽지 않겠다는 생각도 들었습니다.

여러 학교에서 경제에 관한 몇 가지 주제를 놓고 학생들이 서로 의견을 나누면서 능동적으로 공부하게 하는 액티브 러닝(Active learning)이 시도되고 있기는 하지만 한정된 수업 시간 내에 아이들의 이해를 어디까지 깊어지게 할 수 있는지 전문가적인 검토가 필요하고, 담당 선생님들의 방법론도 상당히 수업의 질을 좌우하지 않을까 생각됩니다.

최근 입시에 나온 「경제」 관련 문제들을 살펴보면, 경제학의 기본 지식을 이해하고 있는지를 묻는 전통적인 문제가 있는가 하면 최근의 경제 현상에 대한 해석이나 경제학의 최첨단 연구 영역에서 출제되는 경우도 있습니다. 이 분야의 전문가가 아닌 사람이 수능 대책에 깊이 관여하는 것도 쉽지 않고, 주요 국공립대학이 자체 시험에서 「경제」를 배제하고 넘어갈 수도 없을 겁니다.

이런 것들을 생각하면 경제학은 여전히 고등학생들에게 있어서는 멀리할 수 없는 학문이 아닐까요? 현재 대학에서 경제학을 가르치고 있는 교수들조차도 그들의 고교 시절에 경제학을 열심히 공부해야겠다고 생각하지는 않았을 겁니다. 그렇지 않으면 대학 입시에서 「경제」를 지금처럼 이렇게 경시하고 넘어갔을 리가 없습니다. 그런 가운데도 경제나 경제학에 조금이라도 흥미를 갖고 계시다가 이 책을 손에 넣기에 이른 고등학생 여러분에게는 필자로서 감사한 마음을 가지지 않을 수 없습니다. 이 책이 그러한 독자들의 기대를 배반하지 않았으면 좋겠습니다.

† 경제학부에 이변이 일어나고 있다?

경제학을 본격적으로 공부하게 되는 것은 대학에 들어가고 나서부터 일 것입니다. 그리고 경제학부는 그 중심에 있습니다. 그런데 이 경제학부에 지금 이변이 일어나고 있습니다. 이러한 현상은 대학 인문학부의 변화와 연관되어 있습니다. 그중에서도 특히 법학부의 인기와 사회적 지위가 떨어지는 점에 주목해야 합니다. 필자가 대학생이었던 1980년대 초까지만 해도 공무원 시험에 합격하거나 사법시험에 합격해 변호사가 되는 길이 학생들에게는 엘리트 코스로 여겨졌습니다. 반면 경제학부에는 그런 청사진이 없어 학생들은 무엇을 위해 경제학을 공부하면 좋을지 잘 몰랐습니다.

그런데 최근에는 공무원이나 변호사에 대한 매력이 떨어지고 있습니다. 반면 외국계 금융기관이나 컨설팅 회사가 법학부의 우수 졸업생들에게 인기 있는 취업처가 되고 있습니다. 그래서인지 최근 법학부의 인기는 떨어지고 있지만, 경제학부의 인기는 올라가고 있는 것 같습니다. 취업 측면에서도 금융기관이나 컨설팅 분야에서 경제학부의 인기가 높아지고 있습니다. 현재 미디어를 달구는 많은 뉴스들이 경제에 관한 것이므로 대학 수업에서 얻은 지식을 잘 살릴 수 있는 것 같습니다. 그 결과 최근에는 문과를 지망하는 우수한 학생 중에서 경제학부를 지원하는 사람들이 늘고 있습니다. 최근의 빅데이터나 AI(인공지능)의 활용 측면에서도 법학부보다는 경제학부가 더 강점이 있을 것입니다. 이제는 경제학부에 순풍이 불고 있는 것입니다.

문제는 오히려 우수한 학생들이 모이고 있는 경제학부 교수들이 학생들에게 어떻게 대응하면 좋을지 생각해 봐야 합니다. 갓 입학한 학생들을 대상으로 경제학에 대한 관심을 어떻게 끌어낼 것인가가 교수들에게 큰 고민거리가 아닐 수 없습니다. 학생들에게 경제에 관한 시사 문제를 가지고 토론 연습을 시키는 대학도 있고, 「SDGs (지속 가능한 개발 목표)」, 「부가가치세」, 「저출산·고령화」 등을 주제로 학생들에게 정보 조사를 시킨 후, 토론이나 발표를 하게 하는 연구도 진행되고 있습니다. 그러한 새로운 유형으로 발전하는 학생들의 능력을 경제학 수업에 어떻게 살릴 것인지 등 방법론이나 교사의 자질 문제는 앞으로 더욱 연구가 진행되어야 할 것입니다.

또 다른 과제는 「수학」입니다. 학생들의 수학 능력을 어떻게 향상시킬지도 경제학부 교수들에게는 과제로 남아있습니다. 최근에 활발하게 신설되고 있는 데이터사이언스 분야와 같이 학부 입시 단계에서 수학 능력을 확실히 체크하는 곳도 생겨나고 있습니다. 기존의 경제학부에서도 입시 과목의 재검토뿐만 아니라 학생들에게 기초적인 수학 능력을 체계적으로 학습시켜야 하는 시기가 다가오고 있는 것 같습니다. 학부 수준의 경제학이라면 간단한 미분과 선형대수학만으로도 상당한 일을 할 수 있기 때문입니다.

† 사회에 나와서부터 시작하는 경제학 공부

경제학부에 입학하는 학생 대부분이 주도적으로 경제학을 체계적으로 공부하기는 어렵습니다. 필자의 경험에서만 봐도 대학 수업에 흥미를 느끼는 사람은 극소수였습니다. 대부분의 학생은 졸업에 필요한 최소한의 수업을 이수하는 것을 첫 번째 목표로 삼았습니다. 고등학교 때 「경제」를 공부하지 않아도, 대학에서 경제학을 제대로 공부하지 않아도, 사람들이 경제에 대한 지식이나 경제학적 사고를 하지 않고 일생을 마치는 일은 없습니다. 경제나 경제학에 대한 흥미나 관심은 오히려 사회에 나올 무렵에 높아지기 때문입니다.

경제 공부를 강제적으로 하게 되는 첫 번째 단계는 취업 활동입니다. 취업 활동이 시작될 무렵, 지금까지는 경제에 별 관심이 없었던 사람이 갑자기 「경제 뉴스」에 눈길이 갑니다. 지금까지 존재조차 몰랐던 「회사 연감」을 펼쳐봅니다. 익숙하지 않은 정장을 입고 기업설명회에 얼굴을 내밀고, 면접에 대비해 「○○업계 연구」, 「경제의 구조를 이해하는 책」을 사서 읽으며 부끄럽지 않을 정도의 경제 지식을 익힙니다. 이게 바로 전형적인 지식의 습득 패턴입니다.

그리고 마침내 취업 활동이 시작되면, 경제나 경제학 공부를 더 열심히 하게 됩니다. 회사 면접에서 「저출산 시대의 경영 전략에 대해 어떻게 생각하는가?」라는 질문을 받게 되면 나는 어떻게 대답하지? 이렇듯 경제학뿐만 아니라 공부라는 것은 목적이 명확해야 집

중력이 생기는 것입니다.

그러나 좀 더 본격적인 경제학 공부는 실제로 사회에 나와서 시작됩니다. 회사에서 월급을 받는 것은 가장 기본적인 경제 행동 중의 하나입니다. 또한, 자신이 몸담은 회사의 이익을 높이기 위해 종업원들은 여러 가지 고민을 하게 됩니다. 「최근 매출이 계속 떨어지고 있군. 우리 제품을 고객들에게 어떻게 팔아야 할까?」「환율이 올라가면 수익은 어떻게 변할까?」 등등.

이러한 것들은 모두 경제학이 다루는 중요한 주제들입니다. 학창 시절에 어디를 읽어야 할지 도무지 알 수 없었던 「경제 신문」도 업무상 매일 아침 읽어야 하는 회사원들도 적지 않습니다. 그래서 여러 종류의 경제잡지나 경제전문 뉴스 채널도 일정한 시청률이 유지됩니다. 역시 이렇게 경제학은 비체계적이지만 사람들에게 공부가 되는 것입니다.

저녁 반찬으로 무얼 해 먹을지와 같은 일상적인 가정생활의 문제도 경제학으로 풀 수 있습니다. 「이번 달에는 잔업비가 줄었으니 쇠고기 대신 닭고기로 저녁 반찬을 만들어 보자」라는 계획은 부모님들이 주도하는 훌륭한 경제학적 해결책입니다. 마트에서 쇼핑할 때도 마감 시간쯤에 반찬이나 신선식품 할인 행사가 시작됩니다. 이러한 가격 할인도 「오늘 팔 물건이 남으면 안 된다」는 매장의 경제학적 이유가 있기 때문입니다.

게다가 「이것은 경제학으로 설명이 될 것」이라고 예상되지만 실제로는 구조적으로 잘 이해가 안 가는 것도 상당히 많습니다. 예를 들어 우리가 물건을 사면 부가가치세를 지불합니다. 이 세금은 도대체 어디로 가고, 어떻게 사용되는 걸까요? 돈은 그 나라의 중앙은행이 발행한다는 건 알고 있지만 그 양은 어떻게 결정되는 걸까요? 은행에 돈을 맡기면 이자가 붙습니다. 그런데 그 이자는 어디에서 오는 것일까요? 등등. 이러한 것들이 모두 경제학에서는 중요한 테마입니다.

2 고등학생에게 경제학이란?

† 용돈의 용도를 어떻게 결정할 것인가?

우리의 일상은 무의식적으로 경제 메커니즘에 빠져있고, 우리들의 행동도 경제학적으로 설명할 수 있습니다. 고등학생 여러분도 다양한 상황에서 경제학을 만나게 될 것입니다. 본론으로 들어가기 전에 그 사례를 몇 가지 소개하도록 하죠.

우선 가장 가까운 예로 부모님께 받은 용돈의 사용 용도에 대해 한번 생각해 봅시다. 이것은 가장 기본적이고도 궁극적인 중요한 경제적 문제입니다. 용돈을 만약 10,000원을 받았다고 하면 여러분은 이것을 용도별로 어떻게 배분하실 겁니까?

여기서 우선 염두에 두어야 할 것은, 내가 사용할 수 있는

10,000원이라는 돈의 「상한」입니다. 이 상한을 넘어 물건을 살 수는 없습니다(친구들이나 형제자매에게 돈을 빌리는 것은 우선 생각하지 않기로 합시다). 이 제약을 좀 어려운 말로 **예산 제약**이라고 합니다. 이 예산 제약을 지키면서 물건을 사는 것입니다. 지금 볼펜이 망가져서 5,000원으로 새로 사야 하는데 그것을 사면 자신이 가장 좋아하는 감자칩을 못 사 먹습니다. 과연 볼펜을 사는 게 좋을까요? 아니면 감자칩을 사 먹는 게 좋을까요?

이 문제를 해결하는 포인트는 무엇을 사는 것이 자신이 가장 행복할 것인가라는 관점입니다. 행복해지는 정도를 경제학에서는 **효용**이라고 합니다. 가장 행복해진다는 것을 「효용을 극대화한다」라고 바꿔 말해도 괜찮습니다. 어떤 사람에게는 감자칩을 포기하고 볼펜을 사면 효용을 극대화할 수 있고, 그 반대인 사람도 있습니다.

이상을 정리하면, 용돈의 사용처를 생각하는 사람의 행동은 「예산 제약하에서 효용을 극대화」하는 쇼핑 방법을 모색하는 행동이라고 표현할 수 있습니다. 여기서 다시 주의해야 할 점이 있습니다. 그것은 경제학에서 사물을 생각할 때 어떤 「제약」을 붙인다고 가정하는 것입니다. 독자가 직면한 제약은 쇼핑 총액이 10,000원을 초과해서는 안 된다는 예산 제약이었습니다. 그런데 만약 여러분의 친구 중에 부자 친구가 있어서 부모님으로부터 무한대로 용돈을 받는다면 어떨까요? 그 친구는 원하는 것을 원하는 만큼 다 살 수 있습니다. 그에게 예산 범위 내에서 무엇을 얼마나 살지에 대한 문제는 처음부터 의미가 없습니다. 이런 부자에게 경제학은 쓸모가 없는 것입니다.

어떤 제약 안에서 최적의 행동을 찾는 것이 경제학의 발상입니다. 이런 생각은 중요합니다. 우리가 사는 세상은 제약투성이니까요. 부모님이 살림살이를 하는 데 어려움을 겪습니다. 노동을 하는 것은 회사로부터 받는 월급이 지출 상한선이 되고 있기 때문입니다. 삶의 질은 중요하지만 그렇게 하려면 돈이 필요합니다. 사용 가능한 자원은 제한되어 있으므로 가능한 한 효율적으로 사용하자는 발상이 나옵니다. 경제학은 이러한 **효율성**의 추구를 큰 테마로 하고 있습니다.

† 대학 입시는 왜 쉬워졌는가?

독자 중에는 대학 입시를 앞둔 고등학생이 있을 것입니다. 이 대학 입시도 경제학의 분석 대상이 됩니다. 최근에는 예전에 비해 명문대를 제외하고는 대학 입시가 쉬워졌다고들 합니다. 시험 성적보다는 「개성적이고 다양한 학생을 모집한다」는 슬로건을 내걸고 실질적으로는 학력을 중점적으로 체크하지 않는 대학이 늘고 있는 분위기입니다.

왜 이런 현상이 생기게 되었을까요? 대학에 입학하려는 수험생의 인원과 대학이 받고 싶은 인원의 불균형 때문입니다. 그것을 이해하기 위해 수능을 대학 입학 허가증이 매매되는 장소라고 가정해 봅시다. 대학은 입학 허가증의 판매자(공급자)이며, 수험생은 구매자(수요자)입니다. 그러나 이 입학 허가증은 돈으로는 매매되지 않습니다. 수험생은 대학에 돈을 내는 대신 대학으로부터 학력을 인정받을 수 있는 입학 허가증을 받습니다.

그렇다면 저출산이 진행되고, 수험생이 적어지면 어떻게 될까요? 입학 허가증에 대한 수요가 전반적으로 줄어들기 때문에 대학의 입장은 상대적으로 약해집니다. 지금까지 입학 성적이 80점 이상인 사람에게만 주었던 입학 허가증을 60점 이상인 사람에게도 주지 않으면 대학은 경영을 할 수 없게 됩니다. 이것은 입학 허가증의 「가격」이 떨어지는 것을 의미합니다.

경제학은 상품의 가격이 수요와 공급 사이의 크고 작은 관계에 달려 있습니다. 수요가 공급을 초과하면 판매자의 입장이 더 강해지기 때문에 상품의 가격이 상승합니다. 반대로 수요가 공급 아래로 떨어지면 구매자의 입장이 강해지고 가격이 하락합니다. 그리고 이와 같이 가격이 변함에 따라 수요와 공급은 조정되고 결국 둘 다 동일해집니다. 이러한 메커니즘을 **시장 메커니즘**이라고 합니다. 대학 입시라는 고등학생 여러분에게 중요한 인생의 고비도 바꾸어 생각하면 시장 메커니즘이라는 경제적 상황으로 해석할 수 있는 것입니다.

† 직장을 잃은 부모님은 누가 구해줄 것인가?

이 책을 읽는 독자 중에 불행하게도 부모님이 직장을 잃었거나 직장에서 구조조정의 대상이 된 사람이 있을지도 모릅니다. 인건비 절감을 위해 기업이 가장 먼저 하는 일은 아르바이트 채용을 중지하고, 신입사원 채용을 줄이는 것입니다. 그런데도 경영이 나아지지 않으면 장기간 회사에 기여해 온 사람들, 즉 고등학생 정도의 자녀를 둔 40대 중반부터 50대의 경력자들이 인건비 절감의 대상이 됩니다. 기업의 연공서열적 임금제도는 직원의 월급이 성과에 비해 높아지는 경향이 있기 때문입니다.

부모님은 왜 직장을 잃었을까요? 「회사의 제품이 잘 팔리지 않고 있기 때문」이라고 우선 대답할 수 있겠네요. 그런 회사가 늘면서 사회 전체적으로 판매가 떨어지게 되면 경기가 나빠지고, 디플레이션이 심각해지는 상황이 됩니다. 소득이 떨어진 가정에서는 물건을 사지 않을 것이고, 물건을 사지 않는 가정이 많아지면 물건은 더 팔리지 않게 됩니다. 경영이 어려워진 회사는 직원의 임금을 더 줄이고 신규 고용을 억제하게 됩니다. 이렇게 악순환이 일어나는 거죠.

그렇다면 우리는 어떻게 해야 할까요? 사람들이 물건을 좀 더 많이 사면 좋겠지만, 부모님이 구조조정을 당한 가정은 물론이고 그렇지 않은 가정도 월급이 올라가지 않으니, 지갑을 꽉 닫고 있을 수밖에 없습니다. 이런 현상이 지속되면 「정부는 어떻게든 해보자」라는 생각을 하게 됩니다.

그러나 경제학에서는 경제 안정을 지속적으로 유지하기 위해 시장 메커니즘의 작동에 집중하는 것이 아니라 정부가 경제 정책을 취할 필요가 있다고 생각합니다. 「경기가 나쁘면 감세를 하고 경기 변동의 영향을 완화하는 것이 정부의 일이다」라고 보는 거죠.

그런데 한편으로는 「정부가 감세를 해도 정부의 부채인 국채가 늘어나면 그 상환을 위해 증세가 필요하다. 다음 세대에 부담을 주게 되니 감세는 바람직하지 않다」라는 의견이 있습니다. 「아니, 그런 건 걱정할 필요 없다. 감세로 경기가 향상되면 세수도 확실히 늘어나므로 증세는 필요 없다. 그러니 우선은 감세를 해야 한다」라는 논쟁이 끝없이 펼쳐집니다.

요컨대 경제정책의 효과에 대해서는 긍정과 부정의 양론이 있다는 것입니다. 바람직한 경제정책 방법에 대해 경제학자들 사이에도 의견이 나누어져 있는 상황이라 일반 국민은 어떤 의견이 맞는지 신뢰가 가지 않습니다. 사실 TV에 나오는 경제 평론가나 이코노미스트들이 하는 말도 듣고 있으면 모두가 제각각이라는 생각이 듭니다. 이처럼 다양한 사람들이 다양한 정책 제안을 할 수 있다는 것도 경제학의 매력이라고 할 수 있겠죠.

「경제(經濟)」라는 단어는 「경세제민(經世濟民)」에서 온 것입니다. 이것은 「세상을 다스리고, 사람들을 괴로움으로부터 구한다」라는 의미입니다. 경제학은 정책과 직결된 학문입니다. 경제학은 세상을 조금이라도 좋게 만들려면 어떻게 해야 하는지, 사람들이 생활에 어려움을 겪지 않도록 하는 방법은 무엇인지 끊임없이 문제의식을 가지는 학문입니다. 그러나 「경제학 = 돈을 모으기 위한 학문」이라는 오해가 있는 것 같습니다. 그래서 이 책에서는 경제학을 어떻게 생각할 것인지, 그리고 거기에서 어떤 정책 제언을 유도해 낼 것인지 등을 제대로 설명해 둘 필요가 있을 것 같습니다.

† 미시경제학과 거시경제학

경제학은 고등학생인 여러분에게도 그리 먼 학문이 아닙니다. 우리는 매일 경제생활을 하고 있습니다. 학교 수업에서 「경제」를 충분히 배우지 않아도 우리는 일상생활에서 경제 메커니즘을 비체계적이지만 배우고 있습니다. 지금은 잘 이해하지 못하더라도 사회에 나오면 싫어도 익숙해집니다.

경제학의 기본을 고등학생에게 알게 하는 것이 이 책의 목적입니다. 대학에서 처음 접하게 되는 경제학은 소비자와 기업의 행동, 시장 메커니즘의 움직임을 설명하는 **미시경제학**과 경제 전체의 움직임을 파악하고 정부의 경제 정책을 논의하는 **거시경제학**으로 나뉩니다. 이 책은 그 분류에 따라 1장~3장의 전반부는 미시경제학, 3장의 후반~6장은 거시경제학으로 구성하였고, 마지막 7장은 외국과의 경제 거래를 다루어 보려고 합니다.

이 책은 이론적으로 어려운 이야기보다는 독자 여러분이 이미 직관적으로 이해하고 있는 경제학을 좀 더 체계화시키거나 경제학의 논리가 반드시 한 개의 답만을 도출하는 것이 아니라는 것 등 경제학이 우리에게 친밀한 존재인 동시에, 꽤 재미있는 견해를 다루는 학문이라는 것을 알려드릴 생각입니다.

제 1 장

수요와 공급을 결정하는 방법

이제부터 「입문」의 본편으로 들어가 보시죠.

우리가 가장 먼저 다룰 것은 소비자가 어떻게 물건(경제학에서 물건을 「재화(財貨)」라고 부르는 경우가 많기 때문에, 이 책에서도 앞으로 재화라는 말을 많이 사용하겠습니다)이나 서비스의 수요 결정을 내리는가, 그리고 그 재화와 서비스를 기업이 어떻게 공급하고 있는가에 대한 문제입니다. 이 문제는 경제학을 이해하는 데 가장 기본적인 것입니다. 이야기가 좀 추상적이라는 생각이 들겠지만 좀 참고 저의 설명을 잘 따라와 주기 바랍니다. 이 장을 잘 극복하면, 다음 장부터는 마치 언덕길에서 미끄럼을 타고 내려오는 느낌으로 쉽게 이 책을 이해하며 읽을 수 있습니다.

이 장과 다음 장은 밀접한 관계가 있습니다. 고등학교에서 배우는 경제 수업에서는 수요 곡선과 공급 곡선이 교차하는 그래프를 이용하여 시장 메커니즘을 설명합니다. 이 장에서는 그 수요와 공급 곡선이 어떠한 논리로 각각 그려지는지를 생각해 보겠습니다. 그리고 다음 장은 그 수요와 공급이 시장이라는 링 위에서 만나는 단계입니다.

이 장에서는 고등학교와 대학 수업에서는 잘 다루지 않는 내용을 추가하였습니다. 필자가 경제학 공부를 시작했을 때는 이해할 수 없었던 것이 많았기 때문입니다. 수업과 교과서에는 매우 중요한 설명이 축약되었기 때문에 이 부분을 좀 더 상세히 알고 싶어 하는 독자도 있을 것입니다. 그래서 이 책에서라도 그런 독자들을 위해 가능한 한 상세히 설명해 둘 생각입니다.

1 수요의 크기는 어떻게 결정되는가?

† 티셔츠 구매를 결정하는 요인

서문에서는 만약 당신에게 용돈 10,000원이 있다면 어떻게 사용할 것인가에 대해 생각해 보았는데, 여기서는 돈의 자릿수를 하나 올려 100,000원을 사용할 때의 예를 들어보겠습니다.

지금, A의 지갑 안에 100,000원이 있습니다. 그중 50,000원으로 예전부터 꼭 갖고 싶어서 눈여겨보았던 노스페이스의 신제품을 살 수 있다고 합시다. A는 언제 이 티셔츠를 사는 것이 좋을까요? A가 지금 이 티셔츠를 사면 바로 입고 즐길 수 있습니다. 하지만 이것을 사면 이미 티셔츠에 50,000원을 사용하였기 때문에 지갑에는 50,000원밖에 남지 않게 됩니다. 그렇지만 A가 50,000원으로 티셔츠를 사기로 결정한 것은 우선 티셔츠를 구입하고 나머지 50,000원을 다른 물건을 사는 데 쓰는 것이 티셔츠를 사지 않고 100,000원 모두 다른 물건을 사는 것보다 행복할 것으로 판단했기 때문입니다. 서문에서 설명한 것처럼 경제학은 이 행복의 정도를 효용이라고 합니다. A는 100,000원이라는 예산 내에서 자신의 효용을 최대화하려면 어떻게 하면 좋을지를 생각하여 이 티셔츠를 사기로 결정한 것입니다.

그럼, 티셔츠에 대한 수요는 어떤 요인에 따라 좌우될까요?

첫째, 당연히 이 티셔츠를 얼마나 원하는가 하는 것입니다. 자신이 좋아하는 노스페이스의 신제품이니까 무조건 사고 싶다는 사람이 있는가 하면, 패션에 아무런 욕심이 없어서 티셔츠에는 무관심한 사람도 있겠죠.

둘째, 티셔츠 대신 원하는 것은 없을까요? A가 좋아하는 여자친구의 생일이 다가오고 있어서 선물을 사고 싶다고 생각하는 경우에는 티셔츠를 사야 할지 선물을 사야 할지 상당히 고민하게 됩니다. 티셔츠 대신 사고 싶은 것이 없으면 그다지 고민할 필요가 없습니다.

셋째, 자유롭게 사용할 수 있는 돈의 액수입니다. 여기에서는 지갑에 100,000원이 있다고 가정했습니다만, 만약 매달 용돈을 100,000원이나 받는다면 돈의 여유가 있으니 50,000원짜리 티셔츠는 쉽게 살 수 있겠죠.

† 가격과 수요의 관계 — 수요 곡선

위에서 언급한 세 가지 요인은 사람마다 다릅니다. 그러나 모든 사람에게 공통적으로 적용되는 요인이 있습니다. 그것은 바로 티셔츠의 가격입니다.

예를 들어, 티셔츠의 가격이 50,000원에서 45,000원으로 떨어졌다고 합시다. 앞에서 설명한 것과 같은 요인을 생각해서 50,000원이라면 망설였겠지만 45,000원이라면 선뜻 사려는 사람이 있을

지도 모릅니다. 그 사람은 45,000원만큼은 다른 물건을 살 수 없게 되지만, 티셔츠를 가지게 된 것으로 효용이 극대화된 사람입니다.

티셔츠 가격이 좀 더 떨어져서 40,000원이 되었다고 합시다. 그러면 45,000원에서 구입을 망설였던 사람들 가운데, 몇 명은 더 이 티셔츠를 살 것입니다.

이런 식으로 생각하면 가격이 내려가면 수요가 높아진다는 우리가 상식적으로 생각하고 있는 관계가 확인됩니다. 당연히 반대로 가격이 상승하면 수요가 줄어들겠죠. 따라서 가격을 세로축으로 하고 수량을 가로축으로 하면 **그림 1**과 같이 우하향 곡선을 그릴 수 있습니다. 이것이 **수요 곡선**입니다(곡선이라고 하지만 단순화하여 직선으로 그리는 경우가 많습니다).

그런데, 고등학생 여러분이라면 이러한 수요 곡선을 그리는 방법이 좀 낯설 수 있습니다. 수학에서는 예를 들어 $y = f(x)$라는 함수를 xy 평면에 그릴 때 x를 가로축, y를 세로축으로 하는 것이 일반적입니다.

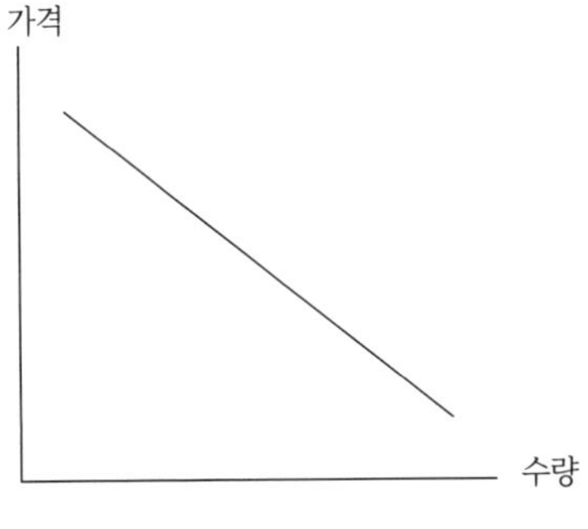

그림 1 수요 곡선

그런데 가격에 대한 수요의 변화를 그래프에 그리는 경우에는 가격을 x라고 생각하여 세로축에, 수량을 y로 생각하여 가로축에 두어야 합니다. 필자도 경제학을 공부하기 시작했을 때 이 부분이 좀 이해가 안 되었습니다. 그러나 경제학의 위대한 창시자 중 한 명인 **마샬**(A. Marshall, 1842-1924) 이후, 이렇게 가격과 수량을 역으로 생각하는 것이 경제학의 방법론이 되고 있습니다.

이 수요 곡선을 그리는 방법에는 일반적으로 잘 알려지지 않은 배경이 있습니다. 이제 당신은 비슷한 티셔츠를 이미 10개를 구입했다고 합시다. 그래서 「1장을 더 산다면 얼마에 사시겠습니까?」라고 물어보겠습니다. 그럼, 당신은 어떻게 대답하시겠습니까? 앞의 예시와 같이 50,000원에 사겠다고 대답할 수도 있습니다. 그럼, 11장을 가지고 있다면 어떨까요? 당신은 이미 티셔츠를 많이 가지고 있기 때문에 50,000원에는 사고 싶지 않지만, 45,000원이라면 사고 싶어질지도 모릅니다.

이와 같이 이미 구입한 티셔츠의 수량을 가로축에 두고 추가로 1장을 더 산다면 지불해도 좋다고 생각하는 티셔츠의 가격을 세로축에 나타낸 곡선이 수요 곡선입니다. 이미 많은 티셔츠를 가지고 있다면, 당신이 지불할 수 있다고 생각하는 가격은 낮아질 것입니다. 그러므로 수요 곡선은 오른쪽 아래로 떨어지지만, 출발점(가로축의 좌표)은 어디까지나 수량이지 가격이 아닙니다.

수요 곡선의 높이로 표시되는 가격은 수중에 있는 재화(이 경우는 티셔츠)가 1단위 증가했을 때, 그 1단위로부터 소비자가 얻는 만족도 즉, 효용의 증가분을 **한계 효용**이라고 합니다. 이 한계 효용은 수중에 있는 재화를 이미 많이 가지고 있을수록 낮아집니다. 앞의 티셔츠의 사례에서도 11장을 얻었을 때의 만족도 증가분은 10장을 얻었을 때보다 낮아질 것입니다.

*경제학에서는 「한계(적)(marginal)」라는 말을 자주 사용하는데, 경제학에서 사용하는 「한계」는 빠듯한 한계까지의 그 한계(limit)가 아니라, 「그때까지의 상태에서 아주 조금 더 변화했다」라는 정도의 의미입니다.

† 수요 곡선과 효용 극대화

이와 같이, 수요 곡선은 이미 구입한 물건의 수량을 기준으로 하고, 거기에서부터 1단위씩만 구매를 늘릴 때 얻어지는 만족도의 증가분 즉, 한계 효용을 계산하고 그것을 금액으로 평가한 값을 나타내는 곡선이라고 일단 생각해 보세요. 한계 효용은 수량과 함께 떨어지므로(그 물건이 이미 수중에 많이 있을수록 거기서부터 1개씩 늘어난다고 해도 만족도의 증가분은 감소됩니다) 수요 곡선이 우하향 되는 이유도 이해할 수 있을 것입니다.

엄밀히 말하면 이 설명에는 약간의 문제가 있습니다. 실제로는 지불 할 수 있다고 생각하는 11장의 티셔츠 가격을 한계 효용의 45,000원보다 약간 높게 평가할 가능성이 있기 때문입니다. 그렇지만 티셔츠가 지금보다 싸지면, 그 싸진 만큼을 다른 쇼핑으로 돌릴 수 있습니다. 거기에서 얻을 수 있는 만족도의 증가분을 기대하면, 11장의 티셔츠 가격을 한계 효용보다 조금 높인, 예를 들면 47,000원에도 사고 싶다는 사람도 나올 것이기 때문입니다. 단, 그렇게 생각해도 수요 곡선이 우하향하는 것에 주의해 주세요. 이처럼 다소 복잡한 이야기는 나중에 다시 하기로 하고, 가격을 세로축에, 수량을 가로축에 두는 이유나 수요 곡선이 나타내고 있는 관계는 아주 기본적인 사항이니 머리에 잘 담아 주시기를 바랍니다.

여기까지 읽고 내용이 좀 이해가 안 된다는 독자도 있겠죠. 그런 사람은 좌표를 보는 방법이나 수요 곡선의 배경 부분은 접어두고 우선은 「가격이 높아지면 수요가 감소한다」라는 기본적인 것만 이해하면 큰 문제는 없습니다. 오히려 그쪽이 가르치기도 편하고, 이 책에서도 이 정도의 설명으로 끝납니다. 그러나 비슷한 이야기는 공급 곡선 부분에서 다시 나오니까 그때 다시 집중하면 됩니다.

* 수요 곡선상 점의 이동과 수요 곡선 그 자체가 움직이는 것은 다릅니다. 수요 곡선은 사람들의 소득이나 취향, 다른 상품의 가격 등, 「다른 조건을 일정하게」 그린 것입니다. 그러므로 수요 곡선상 점의 이동은 상품의 가격 변화에만 반응한 수요 변화를 나타냅니다. 이에 반해 수요 곡선 자체의 이동은 그 상품의 가격 이외의 조건 변화를 반영한 것입니다. 예를 들어, 사람들의 소득이 높아지면 상품 가격이 변하지 않아도 상품에 대한 수요가 높아지므로 수요 곡선은 원래의 위치로부터 오른쪽으로 이동합니다. 여러분은 수요 곡선을 오른쪽 또는 왼쪽으로 이동시키는 요인을 여러 가지로 생각해 보세요.

† 재화에 따라 다른 가격 탄력도 — 수요의 가격 탄력성

「가격이 높아지면 수요가 줄어든다」라는 현상은 대부분의 재화에 공통으로 보이지만 가격 변화에 어느 정도로 수요가 민감하게 반응하는지는 재화에 따라 다릅니다. 가격이 1% 하락(상승) 했을 때 수요가 몇 퍼센트 증가(감소)하는지를 나타내는 지표를 **수요의 가격 탄력성**이라고 합니다. 수요의 가격에 대한 탄력도는 이 가격 탄력성의 크기로 표시됩니다. 그렇다면 수요의 가격 탄력성이 큰 재화는 무엇일까요?

가장 중요한 점은, 그 재화에 간단히 대체되는 것이 있는지의 여부입니다. 예를 들어 치킨을 생각해 봅시다. 몇 군데 치킨 체인점이 있는데, 어느 치킨이 더 맛있는지 맛의 차이는 없다고 합시다. 만약 M 가게의 가격이 내려가면 이왕이면 같은 치킨을 먹는다면 다른 가게가 아니라 M 가게에서 먹겠다고 생각하는 사람이 늘어납니다. 따라서 「M 가게의 치킨」이라는 상품은 수요의 가격 탄력성이 비교적 큰 상품이라는 생각이 듭니다. 마찬가지로, 「Y 가게의 치킨」 등 다른 체인점의 치킨도 가격 탄력성은 커야 합니다.

한편, 소비자가 원하는 이 상품 외에는 대체될 것이 없는 것은 수요의 가격 탄력성이 작아집니다. 예를 들면, 일반 가정에서 일상적으로 소비하는 쌀이 그렇습니다. 쌀의 가격이 높아지면 쌀의 구입을 줄이고 빵이나 면의 수요를 늘리는 가정이 있을 것입니다. 그러나 주식으로 밥을 먹는 가정이 많기 때문에 쌀의 가격은 조금 높아지더라도 사람들의 쌀에 대한 수요는 크게 줄지 않습니다. 그렇다면 가격 탄력성이 다르면 수요 곡선의 기울기는 어떻게 달라질까요? 답은 **그림 2**에서 보시다시피, 「가격 탄력성이 클수록 수요 곡선의 기울기는 완만해진다」입니다. 가격이 조금이라도 변화하면 수요가 크게 변화하기 때문입니다. 반대로, 가격 탄력성이 작은 상품은 수요 곡선의 기울기가 가파릅니다. 수요의 크기는 가격의 변화에 크게 반응하지 않기 때문입니다.

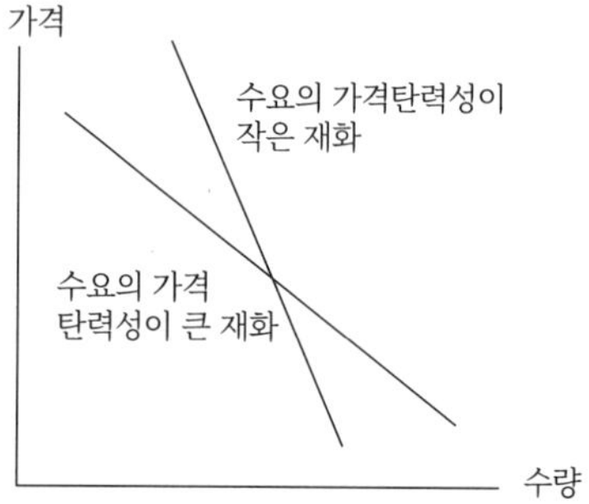

그림 2 가격 탄력성으로 서로 다른 수요 곡선의 기울기

2 가격과 수요의 이상한 관계

† 가격이 낮아지면 매출은 증가할까요?

가격과 수요의 기본적인 관계를 이해했다면 응용문제를 생각해 봅시다. 여기에서 다룰 것은 앞에서 사례로 든 치킨의 가격 인하에 대한 것입니다. 여기서 주목해야 할 점은 「가격을 인하하면 매출이 증가할까?」라는 점입니다(비용 이야기는 무시하겠습니다).

매출은 가격(단가)×판매 수량(수요)으로 결정되므로 매출이 증가하려면 가격 인하 이상으로 수요가 높아져야 합니다. 그래서 수요의 가격 탄력성이라는 생각이 효과가 있습니다. 예를 들어, M 가게의 치킨 가격 탄력성이 1.5라고 가정합시다. 즉, 가격을 1% 낮추면 수요는 1.5% 증가한다고 가정하는 겁니다. M 가게가 단가를 20% 인하했을 때, 수요는 30%(=20%×1.5) 증가할 것으로 예상됩니다. 그러면 가격이 0.8배, 판매 수량이 1.3배가 되므로 매출은 1.04(=0.8×1.3) 배가 되어, 4% 증가하게 됩니다. 가격 탄력성이 1을 상회하면, 가격 인하로 매출은 증가하는 것입니다. 그러나 가격 탄력성이 1 아래로 떨어지면 매출이 줄어듭니다.

그러나 이러한 계산에는 주의가 필요합니다. 첫째, 수요의 가격 탄력성은 원래 가격의 변화가 1% 정도라는 꽤 작은 수요의 변화 정도를 나타낸 것입니다. 그러므로 20%와 같이 대폭적인 가격 인하를 하는 경우에는 그대로 사용할 수 없습니다. 가격 인하의 폭이 크면 사람들의 관심이 높아지면서 예상했던 이상으로 손님이 늘어날 가능성이 있거나 그렇지 않을 수도 있습니다.

둘째, 그 이상으로 주의해야 할 것은 다른 체인점의 반응입니다. M 가게의 매출이 늘어나는 것은 다른 가게가 가격을 그대로 유지하고 있는 기간뿐일 수도 있습니다. 만약 다른 가게가 가격을 M 가게를 따라 내리면 M 가게에만 손님이 몰리지는 않을 것입니다.

물론 햄버거 등 다른 패스트푸드점에서 치킨을 메뉴에 추가하면서 치킨에 대한 수요가 전반적으로 증가할 가능성도 있습니다. 그러니 그 많은 가게 중에서 M 가게의 매출만 증가하지는 않겠지요. 세상은 그리 호락호락하지 않습니다.

셋째, 수요의 가격 탄력성의 값을 사전에 알기는 어렵습니다. 가격을 바꿔보지 않으면 수요가 어떻게 반응할지 모릅니다. 앞의 예와 같이 M 가게 치킨의 가격 탄력성을 1.5로 했는데, 이것은 어디까지나 논의를 시작하기 위한 가정입니다. 실제로 가격을 내려보지 않으면 모르는 것입니다.

† 재료의 복잡한 관계

앞에서 설명한 티셔츠와 치킨의 사례는 상품 자체의 가격 변화가 그 상품의 수요에 미치는 영향에 관한 것이었습니다. 그런데 세상에는 그 상품의 수요가 다른 상품의 가격에 영향을 받는 경우도 있습니다.

우선 상품 하나의 가격이 상승(하락)하면 다른 상품의 수요가 증가(감소)하는 관계가 있을 수 있습니다. 이런 관계에 있는 상품은 우리 주변에서 흔히 볼 수 있습니다. 경제학 교과서에는 커피와 홍차의 사례가 자주 언급되는데, 편의점에서 팔고 있는 삼각김밥과 샌드위치 등 찾아보면 상당히 많습니다. 이러한 관계를 대체 관계라고 부릅니다. 간단히 말하면 라이벌 관계입니다.

하나의 상품 가격이 상승(하락)하면 다른 상품의 수요가 감소(증가) 하는 관계 또한 있습니다. 하나의 상품 가격이 올라가면 상품 수요가 줄어들지만 그와 관련된 수요를 떨어뜨리는 상품도 그 안에는 있을 수 있습니다. 이러한 관계를 **보완 관계**라고 합니다. 즉, 서로가 세트가 되어(=서로 보완한다) 사람들의 효용을 높이는 상품의 조합인데, 빵과 버터, 커피와 설탕 등이 그 예로 볼 수 있습니다.

또한 서로 거의 영향을 미치지 않는 관계도 있습니다. 예를 들어 아이스크림 가격이 상승(하락) 해도 양말의 수요에는 거의 영향을 미치지 않을 겁니다. 그렇다고 아무런 영향이 없다고는 볼 수 없습니다. 예를 들어 아이스크림 가격이 100원 올라서 양말을 사는 데 돈이 부족하여 아이스크림 사는 걸 포기했다는 사람이 세상에는 있을 수 있으니까요.

이와 같이, 세상에 나와 있는 상품의 수요는 복잡하게 연결되어 있고, 서로 가격 변화의 영향을 받고 있습니다. 그런 관계들을 면밀하게 추적하는 것은 슈퍼컴퓨터로도 하기 어려울 것입니다. 그러나 그렇다고 해서 아무것도 분석할 수 없는 것은 아닙니다. 따라서 현실을 단순화하고 모델링하거나 다른 조건을 일정하게 유지함으로써 경제 현상의 기본적인 메커니즘을 찾는 것이 경제학의 기본적인 개념입니다. 이것은 다른 사회과학에서도 공통으로 쓰는 방식입니다.

3 공급의 크기는 어떻게 결정되는가?

† 기업은 이윤 극대화를 목표로

가계는 한정된 예산 내에서 효용의 극대화를 목표로 한다는 것이 가계의 행동에 대한 경제학의 가정입니다. 우리는 거기에서 가격이 상승하면 수요가 감소한다는 상품의 가격과 수요의 관계를 도출해 낼 수 있었습니다. 이야기는 여기에서 공급 측면으로 넘어가 보겠습니다.

공급 곡선은 **그림 3**과 같이 우상향 곡선으로 그려집니다. 가격이 상승하면 공급이 증가하는 상태를 나타낸 것이 바로 이 공급 곡선입니다. 그러나 수요 곡선과 달리 공급 곡선은「알쏭달쏭」한 부분이 있습니다. 수요 곡선은 가격이 상승하면 수요가 떨어진다는 직관적으로도 이해하기 쉬운 관계를 나타냅니다. 공급 곡선은 어떻습니까?「가격이 상승하면 기업은 공급을 늘리고 싶다고 생각할 것이다」라는 생각이 듭니다. 그러나「가격이 내려가더라도 많이 팔면 좋지 않을까?」「가격이 높아지면 최선을 다하지 않고 조금

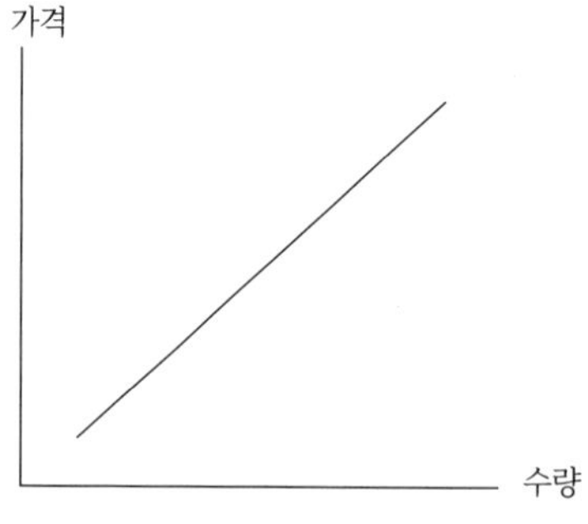

그림 3 공급 곡선

만 팔아도 괜찮지 않을까?」라는 반론에는 어떻게 답하면 좋을까요?

가격과 공급 사이의 관계를 생각하기 위해서는 기업은 무엇을 목표로 생산 활동을 하고 있는가의 관점을 생각할 필요가 있습니다. 경제학 입문 수준에서는 「기업은 **이윤**(이익)의 극대화를 목표로 한다」라고 상정합니다. 기업은 현실적으로는 매출을 중시하지만 결국 그 판매에서 얻은 이윤이 더 중요할 것입니다. 다음은 기업이 이윤을 극대화하는 행동에서 공급 곡선이 우상향해지는 이유를 설명하겠습니다.

그럼, 먼저 이윤에 대해 생각해 봅시다. 이윤은 판매에서 생산에 쓴 비용을 뺀 것으로 정의됩니다. 그리고 이 비용을 생산 비용이라고 합니다. 따라서,

이윤 = 매출 − 생산 비용

이라는 관계식이 성립됩니다. 또한, 다음부터는 생산(생산량)과 공급이라는 단어를 동일한 의미로 사용하기로 합시다.

여기서 매출은 그 기업이 생산하는 제품의 가격(단가)에 생산량을 곱하여 구할 수 있습니다. 물론 실제로 기업은 가격을 올리거나 내릴 수 있어야 합니다. 그러나 여기에서는 가격 변화에 대한 수요자의 반응을 봐야 하므로 가격은 기업이 바꿀 수 없다고 가정하겠습니다. 그리고 그 가격으로 구매자는 얼마든지 살 수 있다고 생각합시다. 즉, 이 기업의 생산 규모는 제품 전체 시장에서 볼 때 상당히 작다고 가정하는 것입니다. 이러한 가정하에서 가격이 일정한 경우, 생산량을 높이면 매출은 비례적으로 높아집니다.

† 생산 비용은 어떻게 변하는가

반면 생산 비용은 어떻습니까? 기업이 제품을 생산하기 위해서는 원재료, 직원들 월급, 공장이나 사무실 임대료, 전기 요금이나 통신비 등 다양한 비용이 듭니다. 생산하면 할수록 생산 비용은 증가합니다. 그러나 제품 1개당 생산 비용인 평균 비용은 어떻습니까? 생산량이 아주 낮은 수준이면 평균비용은 상당히 높아질 것입니다. 그리고 그 평균 비용이 기업이 생산하는 제품의 가격을 상회하면 기업은 이윤은커녕 적자를 보게 됩니다.

그런데 생산량을 늘리면 평균 비용은 서서히 낮아지기 시작합니다. 많이 생산하면 할수록 제품당 생산 원가가 그만큼 줄어들기 때문입니다. 그리고 평균 비용이 제품의 가격을 밑돌기 시작하면 기업은 이윤을 얻을 수 있게 됩니다. 이후에도 평균 비용이 계속 떨어지면 기업은 생산량을 늘릴수록 이윤을 늘릴 수 있습니다. 이윤 극대화를 목표로 하는 기업에는 무한대로 생산을 늘리는 것이 합리적인 선택이 되겠죠.

하지만 평균 비용이 계속 하락하는 것이 현실적으로 가능할까요? 세상에 무한대로 생산을 할 수 있는 기업은 없습니다. 그런 기업이 있다면 지구상의 자원이 고갈될 때까지 끊임없이 생산을 계속해야 할 것입니다. 즉, 기업의 생산량은 유한합니다. 이는,

① 평균비용은 생산량이 적은 경우, 생산을 늘리면 낮아지지만, 원재료의 조달이나 노동력의 확보가 점점 어려워지기 때문에 어느

시점에서 바닥을 치고 그 이후에는 서서히 증가하게 됩니다. 따라서 ② 이윤을 극대화하기 위해서는 생산량을 줄이는 것이 방법이라는 것을 상정해야 합니다.

이와 같이, 기업의 이윤 극대화라고 하는 상정이 의미를 가지기 위해서는, 생산량이 어느 일정한 수준을 넘어 증가하면 평균 비용이 올라가는 상황을 생각해 둘 필요가 있습니다. 이 상황을 **비용 체증**이라고 합니다. 반대로 평균비용이 생산량 증가에 따라 감소하는 상황을 **비용 체감**하고 합니다. 이제부터는 비용 체증 상태가 되는 상황이라고 가정합시다.

*제3장에서도 설명하겠지만, 현실적으로 비용 체감의 상태가 나타나지 않는 것은 아닙니다. 또한 비용 체감을 전제로 하면, 지금까지와는 전혀 다른 경제상을 그릴 수 있게 됩니다. 그 연구도 경제학계에서 현재 진행되고 있습니다.

† 이윤을 극대화하는 생산량

그럼, 다시 이윤 극대화에 대한 이야기를 계속해 봅시다. 이윤은 매출에서 생산 비용을 뺀 값으로 정의하였습니다. 생산량이 적으면 생산 비용이 매출보다 커지므로 적자가 발생합니다. 생산량을 늘리면 평균 비용이 낮아지므로 매출이 생산 비용을 상회하여 플러스 이윤이 발생하기 시작합니다. 그러나 생산량을 너무 늘리면 평균 비용이 커져서 이윤이 적어지고 결국 적자가 되는 것입니다.

그러면 이윤이 최대치가 되는 건 어떤 상태일까요? 생산을 1

개 늘렸을 때 추가로 필요한 비용 — 이 비용을 **한계 비용**이라고 합니다 — 이 1개당 가격을 밑돌고 있을 때 생산을 늘리면 이윤은 증가합니다. 이러한 상태가 계속 지속되면 좋으므로 생산을 계속 늘리면 한계 비용이 커져 가격을 상회하게 됩니다. 이와 같이 이윤이 극대화되는 지점은 가격과 한계 비용이 일치되는 지점입니다.

그런데 이 한계 비용은 생산 수준이 높으면 높을수록 커지는 것이 보통입니다(예를 들어, 이미 높아진 생산 수준을 더욱 끌어올리려면 종업원 수를 늘려야 하는데, 예산에서 인건비를 올리지 않으면 작업을 늘릴 수 없습니다). 따라서 기업은 상품의 생산 수준을 올리고 싶을 경우, 상품의 가격도 동시에 높일 필요가 있습니다.

여기서, **그림 3**의 공급 곡선을 다시 봅시다. 여기에서는 생산 수량을 가로축에, 가격을 세로축에 두었습니다. 기업이 현재 수준에서 생산을 1 단위 늘리기 위해서는 지금까지 높아져 있는 한계 비용에 맞게 지금보다 더 높은 가격을 설정할 필요가 있습니다. 공급 곡선이 우상향하는 것은 그러한 상황을 보여줍니다.

여기서 앞에서 설명한 수요 곡선에 대한 설명을 다시 떠올려 보시기 바랍니다. 거기에서 수요 곡선은 소비자가 그 상품으로부터 얻은 한계 효용을 금액 기준으로 나타낸 것이라고 설명했습니다. 그것과 마찬가지로 공급 곡선은 기업이 상품을 생산하는 데 필요한 한계 비용을 나타내는 것입니다. 그리고 한계 효용은 이미 구매하는 상품의 양이 많을수록 적어지는 것과는 대조적으로 한계 비용은 이미 생산하고 있는 상품의 양이 많을수록 커집니다. 그러므로 수요 곡선이 우하향하게 되는 것과는 대조적으로 공급 곡선은 우상향하게 되는 것입니다. 그리고 그러한 상황을 묘사하기 위해서는 어떤 형태의 곡선을 그리더라도 수량을 가로축에, 가격을 세로축에 두고 그리는 것이 좋습니다.

† 공급의 가격 탄력성

그런데 수요의 가격에 대한 탄력도를 나타내는 지표로서 수요의 가격 탄력성이라는 개념이 있습니다. 그와 마찬가지로 **공급의 가격 탄력성**이라는 개념도 있습니다. 가격이 1% 상승했을 때 공급이 몇 퍼센트 증가하는지를 조사하는 것입니다.

공급의 가격 탄력성이 큰 상품이란 어떤 것일까요? 생산을 늘렸을 때의 생산 비용의 증가가 비교적 소폭에 머무르는 상품 – 즉 한계비용이 낮은 상품 – 이 그렇습니다. 가격이 상승했을 때 한계 비용이 낮으면 기업은 손쉽게 생산을 늘릴 수 있으므로 그러한 상품의 경우에는 가격 상승이 공급의 증가로 이어지기 쉽습니다. 이때 **그림 4**와 같이 공급 곡선의 기울기는 완만해

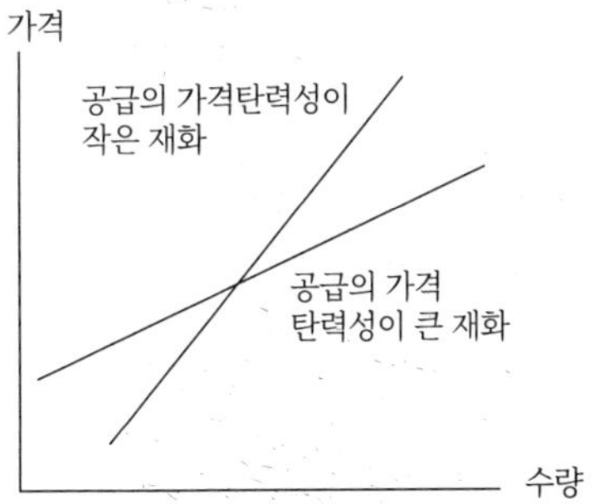

그림 4 가격 탄력성으로 서로 다른 공급 곡선의 기울기

질 것입니다. 대량 생산이 가능한 공업 제품은 공급의 가격 탄력성이 크다고 생각할 수 있습니다.

한편, 공급의 가격 탄력성이 작은 상품의 대표적인 예는, 한정된 천연자원이나 토지 등입니다. 공급을 늘리려고 해도 매우 큰 비용이 추가로 필요해집니다. 예를 들어, 토지 공급량은 국토의 총면적과 일치합니다. 토지 공급을 증가하려면 외국에 거액의 돈을 지불하고, 토지를 양도받거나 침략하여 외국에서 억지로 땅을 빼앗아 와야 합니다. 이 방법은 모두 원가가 많이 드는 일입니다. 이것은 극단적인 예이지만 공급량을 늘리는 데 큰 추가 비용이 필요한 상품의 경우, 가격이 상승해도 공급량은 거의 증가하지 않습니다. 이 때, 공급 곡선은 수직에 가까워집니다.

제 2 장

시장 메커니즘의 매력

앞 장에서는 가계와 기업의 행동을 공식화하고 수요와 공급이 가격과 어떤 관계에 있는지에 대해 설명했습니다. 이 장에서는 그 수요와 공급이 대면하는 장소인 시장 메커니즘과 특징에 대해 생각해 봅시다.

경제학자들의 정책 제언을 들어 보면, 「시장 원리를 중시하라」「가격 메커니즘을 활용하라」라는 말을 많이 합니다. 「시장 원리」「가격 메커니즘」이란 시장 메커니즘과 거의 동일한 의미로 사용됩니다. 한편으로 「시장은 만능이 아니다」「시장 메커니즘을 신봉하는 시장 원리주의는 잘못되었다」는 비판의 목소리도 들립니다.

시장 메커니즘을 신봉하는 것은 잘못된 태도라고 하지만 시장 메커니즘의 매력을 머릿속에서부터 부정하는 것도 마찬가지로 옳지 않은 태도입니다. 이 장에서는 시장 메커니즘의 기본적인 역할과 장점에 관해 설명하겠습니다. 그리고 다음 장에서는 시장 메커니즘의 한계로 눈을 돌려 그 해결책을 생각해 봅시다.

1 수요와 공급을 맞춘다

† 시장 균형이란 무엇인가?

제품이나 서비스에 대한 수요와 공급을 결정하는 주체는 각각의 가계와 기업으로 정해져 있지 않습니다. 예를 들어 노동이라는 서비스는 가계가 공급하고 기업이 수요합니다. 자동차 회사가 자동차 생산에 사용하는 타이어는 타이어 회사가 판매한 제품입니다. 자동차 회사가 사는 것이기 때문에 가계는 직접 관여하지 않습니다. 그러나 여기서는 기업이 제품과 서비스를 공급하고 가계가 수요한다는 구도를 생각하여 설명하겠습니다.

단, 여기에서 주의해야 할 점이 있습니다. 앞 장에서 설명한 수요와 공급에 대한 내용에서 제품을 수요하는 것은 1명의 소비자, 공급하는 것은 1개의 회사라고 암묵적으로 가정하기로 합시다. 시장에 등장하는 수요와 공급의 크기는 모든 소비자, 모든 기업의 수요와 공급의 총계입니다. 따라서 엄밀히 말하면, 앞에서 설명한 시장에서의 수요나 공급에 대해 여기서 논의하기에는 적합하지 않은 점이 있습니다만, 여기서는 어려운 이야기는 잠시 미루어두고 세상이 완전히 동질의 소비자, 그리고 완전히 동질의 기업으로 구성되었다고 가정하여 이야기를 진행합시다. 그렇게 하면 이야기는 어쨌든 연결됩니다. 그리고 소비자도 기업도 모두 가격은 주어진 것으로 받아들이고 있다고 가정해 봅시다.

이상의 가정하에서 시장 메커니즘의 신비로움이 어디에 있는지 생각해 봅시다. 우선 입장이 다른 기업과 가계가 만난 수요와 공급은 가격이라는 매개를 통해 자연스럽게 일치하는 곳에 최대의 신비로움이 있다고 할 수 있습니다. 그 메커니즘을 설명하기 위해 수요와 공급이 일치한다는 의미를 생각해 봅시다.

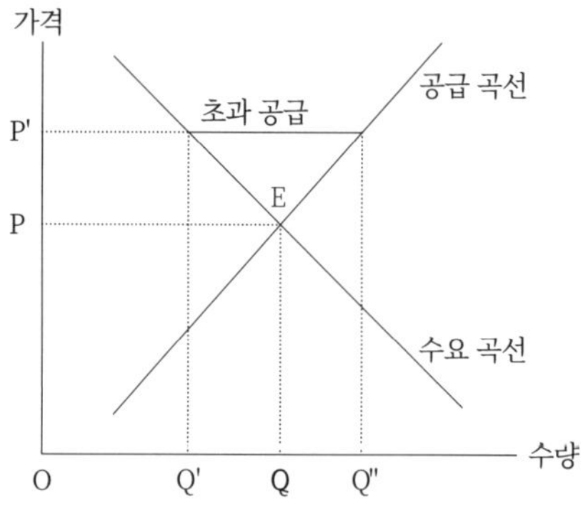

그림 5 시장 균형과 균형 가격

여기서 수요 곡선과 공급 곡선을 교차시켜 보겠습니다(**그림 5**). 가격을 기준으로 가계가 효용 최대화를, 기업이 이윤 최대화를 목표로 했을 때, 각각 최적의 수요와 공급이 어떻게 결정되는지를 보여주는 것이 이 두 선입니다. 일반적으로 수요 곡선은 우하향하고, 공급 곡선은 우상향합니다. 그 이유는 앞 장에서 설명한 부분입니다. 수요와 공급이 일치하는 것은, 이 수요 곡선과 공급 곡선이 교차하는 곳(그림에서는 점 E)입니다. 경제학에서는 수요와 공급이 일치하는 것을 **시장 균형**(또는 수급 균형), 그리고 시장 균형을 끌어내는 가격을 **균형 가격**이라고 합니다(균형을 이루지 못하는 상태를 불균형이라고 합니다). 점 E의 좌표를 읽으면, 시장에서 균형 잡힌 수요 혹은 공급의 크기와 균형 가격의 수준을 알 수 있습니다. 이 경우 OP가 균형 가격이고, 수요와 공급은 모두 OQ라는 수준에서 일치합니다.

† 시장의 균형을 잡는 가격

이 시장 균형을 나타낸 그림은 직관적으로도 이해하기 쉽습니다. 그러나 이 그림을 그리는 정도로만 이야기가 끝날 거라면, 거창하게 「시장 메커니즘」 이야기를 시작하지는 않았을 것입니다. 그런데(점 E로 표시된 것처럼) 시장 균형을 항상 성립시킬 힘이 작용하게 되면 이야기는 비약적으로 재미있어집니다. 시장 메커니즘의 첫 번째 매력이 바로 거기에 있습니다.

지금 어떤 이유로 가격이 균형 가격 OP를 초과하여 OP′가 되었다고 가정합시다. 가격이 높아졌기 때문에, 가계는 수요를 OQ′까지 낮추려고 하지만 기업은 공급을 OQ″까지 끌어올리려고 합니다. 여기서 수요와 공급은 일치하지 않게 되고, 공급은 수요를 Q′Q″만큼 상향하게 됩니다. 이 부분을 **초과 공급**이라고 합니다. 요컨대 잔여 판매가 발생하게 된 겁니다. 기업이 OQ″만큼만 공급했지만 실제로 가계가 구입하는 것은 OQ′에 머물러 있기 때문입니다.

초과 공급, 즉 잔여 판매가 발생했을 때, 반응을 보이는 것이 가격입니다. 잔여 판매가 발생하게 되면 가격이 떨어질 것입니다. 가격이 떨어지면 기업은 공급을 줄이고 가계는 수요를 늘리겠죠. 따라서 초과 공급이 감소합니다. 그래도 초과 공급이 되고 있다면 가격은 더욱 떨어지는 조정이 반복됩니다.

이러한 조정은 가격이 균형 가격까지 떨어지고 수요와 공급이 일치할 때까지 계속됩니다. 마찬가지로 가격이 어떤 이

유로 균형 가격보다 낮고 **초과 수요**가 발생하고 있으면 시장 균형이 달성될 때까지 가격이 상승하게 됩니다. 따라서 가격은 수요와 공급을 일치시키는, 즉 시장 균형을 달성시키는 힘을 가지고 있는 것입니다.

이것은 놀라운 일입니다. 가계와 기업은 주어진 가격을 전제로 각각 자신에게 이익이 되도록 행동합니다. 즉, 가계는 효용의 극대화를 목표하고, 기업은 이윤의 극대화를 목표합니다. 이렇게 자신이 하고 싶은 대로 행동한 결과로 생겨나는 수요와 공급이 정확히 일치할 거라는 생각은 하기 힘들겠죠. 그런데 가격은 그 수요와 공급을 제대로 일치시켜 가기 때문에 경이롭다고 말할 수 있습니다.

† 누가 가격을 바꾸는가?

그러나 여기에서 귀찮은 문제가 발생합니다. 왜냐하면 수요 곡선, 공급 곡선을 도출했을 때, 우리들은 가계와 기업 모두에게 가격이 주어졌다고 상정했습니다. 따라서 가격이 변하게 되면 누가 그 가격을 바꾸고 있는지 의문이 듭니다.

경제학 교과서에는 다음과 같은 픽션(가상)을 사용하여 이 문제를 처리하고 있습니다. 즉, 많은 구매자(수요자)와 판매자(공급자)가 모인 장소에서 중개인(경매인)이라고 불리는 사람이 대상이 되는 제품에 대해 적당한 가격을 제시하고, 그 가격이면 살 것인지, 그리고 얼마에 팔 것인지를 각각 구매자와 판매자에게 물어보는 상황을 가정합니다.

예를 들어, 판매자가 판매하고 싶은 양이 구매자가 구입하고 싶은 양을 초과하면 중개인은 제시 가격을 낮추고 구매자와 판매자에게 의향을 다시 묻습니다. 이렇게 판매자가 원하는 금액과 구매자가 원하는 금액이 일치할 때까지, 즉 시장이 균형을 이룰 때까지 중개인은 여러 번 반복하여 가격을 제시합니다. 그리고 시장이 균형을 이룬 시점에서 비로소 판매자와 구매자 간에 거래가 이루어진다고 생각하는 것입니다. 이와 같이 시장을 상정하면 1개의 제품에 대한 가격이 일치하게 된다는 것도 잘 이해할 수 있습니다.

중개인을 등장시키는 이 아이디어는 프랑스의 위대한 경제학자 **왈라스**(L.Walras, 1834-1910)가 발안한 것입니다. 중개인이 균형 가격을 모색하는 과정은 말 그대로 **모색 과정**이라고 합니다. 가격이 시장을 균형 잡히게 하는 기능을 가지고 있는 점은 이 왈라스의 방식으로 잘 설명할 수 있습니다.

그런데, 이 설명에는 어딘가 함정이 있는 듯합니다. 우리는 그 중심에 있는 중개인을 본 적이 없기 때문입니다. 세상에는 팔고 남은(초과공급) 제품이나 제품 부족(초과수요)이 종종 발생하는데, 이것은 중개인이 제대로 수급을 조정하고 있지 않다는 것을 의미합니다. 앞의 **그림 5**에서 보면, 경제는 점 E로 표시된 균형점이 있는 곳에 항상 있다고는 할 수 없습니다. 실제로 거래되는 양은 가격이 균형 가격보다 높은 경우에는 가계가 수요하는 양뿐이고, 낮은 경우는 기업이 공급하는 양에 한정됩니다. 심지어 판매자와 구매자가 한 곳에서 만나 왈라스가 설명한 것과 같은 중개인의 역할을 하는 것은 그렇게 일반적인 것은 아닙니다.

† 현실에서 가격의 수급 조정

아무래도 논의의 출발점에 문제가 있는 것 같습니다. 우리는 가계와 기업 모두에게 가격이 주어졌다고 가정하고 이야기를 진행했습니다. 여기가 정말 이상하다는 느낌이 듭니다. 많은 상품이 기업 스스로 판단하여 가격을 붙이고 있기 때문입니다. 같은 상품도 기업에 따라 미묘하게 가격이 다릅니다. 우리 소비자가 물건을 살 때, 모든 매장의 가격을 조사하는 것도 아니고, 귀찮기 때문에 집 근처에서 사 버리기도 합니다.

특히, 기업에 주어진 가격 즉, 기업이 스스로 절대 변경할 수 없다는 가정은 비현실적입니다. 판매 가격을 조금이라도 인상하면 다른 기업에 손님을 모두 빼앗겨 버린다고 가정하는 것입니다. 그만큼 기업 간 경쟁이 심하다는 거겠죠. 그러나 실제로 기업은 가격을 좀 올렸다고 해서 손님을 모두 잃는 것이 아닙니다. 그런 의미에서는 각 기업은 시장에서 자기 마음대로 할 수 있는 부분을 조금은 가지고 있다고 봐야 합니다. 그래서 상품마다 하나의 가격이고, 그것으로 시장의 균형을 맞춘다는 설명은 다소 과도한 해석이라는 생각이 듭니다.

그러나 가격에 따라 수요와 공급이 조정된다는 생각이 완전히 현실을 벗어난 발상이 아닌 것도 분명합니다. 기업이 가격을 설정하고 그 가격이 기업 간 서로 다르다고 해도 그 상품이 팔리지 않게 되면 가격을 낮추려는 기업이 늘어납니다. 이에 따라 소비자의 상품에 대한 수요가 올라가면 수급은 균형을 맞추게 됩니다. 이렇게 경제는 중개인이 있을 때와 같은 결과로 움직이는 거죠.

왈라스가 설명한, 중개인에 의한 모색 과정을 실제로는 볼 수가 없습니다. 그러나 기업이 가격을 설정할 때 수요와 공급의 상대적인 크고 작은 관계들을 무시하지는 않습니다. 중개인에 의한 모색 과정이 실제로는 보이지 않더라도 결과적으로 그와 비슷한 수급 조정의 구조가 세상에 연결되어 있습니다. 그리고 그 수급 조정에서 주인공 역할을 하는 것이 가격인 것입니다.

실제로 이미 일반화되고 있는 인터넷 경매에서는 매매에 참여하는 사람들이 스스로 가격을 설정합니다. 비슷한 물건을 많은 사람들이 팔려고 하면 가격을 낮추어야 팔 수 있겠죠. 반대로, 시장에서 보기 드문 희귀(희소)한 물건이라면, 마니아들이 높은 가격으로 사 줄지도 모릅니다. 이렇듯, 수많은 판매자와 구매자 간 시장이 성립되는 상황은 그만큼 현실적이지는 않지만 그래도 가격으로 인한 수급 조정은 작동하고 있다고 생각해도 좋겠죠.

† 가격 변동이 쉬운 제품, 어려운 제품

가격에 의해 수요와 공급이 일치하는 구조는 시장 메커니즘의 매력 중 하나입니다. 여기서 그 이야기를 일단 마무리하고 시장 메커니즘이 가지고 있는 다른 매력에 관해 이야기해 봅시다.

우리 주변을 살펴보면, 가격이 계속 상승하는 고물가 제품을 만나기도 하고 가격이 거의 변하지 않는 제품을 만나기도 합니다. 집 근처 마트에 들러 보면 과자나 주스 가격의 변동은 그리 크지 않고, 가격표도 늘 큰 변화가 없습니다.

그런데 마트 영업시간이 끝나기 직전에 저녁 찬거리를 사러 가면 생선이나 반찬에 「1,000원 할인」「30% 할인」이라는 스티커가 붙어있는 것을 자주 볼 수 있습니다. 이렇게 과자나 가공식품과는 달리 신선식품의 가격은 매일 크게 변동합니다.

따라서 제품에 따라 가격 변동이 쉬운 것도 있고 어려운 것도 있습니다. 그 차이는 어디에서 오는 것일까요? 한가지 힌트는 수급 조정의 수단으로 가격 이외의 것이 있는지 없는지의 여부입니다. 과자나 주스는 팔리지 않아도 매장에 우선 진열만 해두면 그만입니다(유통 기한이나 소비 기한이라는 문제는 있습니다만). 매장뿐만 아니라 가게 안쪽 창고에 쌓아둘 수도 있습니다(창고에 있는 물건을 **재고**라고 합니다). 판매가 잘되어 매장에 물건이 없으면 창고에서 꺼내오면 됩니다. 따라서 재고 형태로 공급의 조정이 쉬운 제품은 가격을 크게 조정하지 않아도 수요 변화에 대응할 수 있습니다.

반면에 생선이나 반찬은 일단 매장에 진열해 놓으면 보존이 어렵습니다. 마트에서 판매되고 있는 생선은 대부분 해동된 것인데 재냉동하면 품질이 떨어집니다. 반찬도 팔리지 않으면 버릴 수밖에 없는 것이 많습니다. 또한 신선한 야채는 냉동 · 냉장 기술이 발전했다고 하더라도 보존이 어렵고, 또한 날씨에 따라 공급 그 자체가 크게 변합니다.

우리의 소비 생활에서 가격이 자주 변하지 않는 제품이 더 많기는 하지만 여전히 가격 변동이 일어나고 우리의 행동에 영향을 미칩니다. 예를 들어 석유 가격이 급등하거나 환율이 낮아져 수입 제품의 가격이 상승하면 공급 곡선이 오른쪽으로 크게 이동합니다. 그렇게 되면 기업은 가격 인상을 해야 하죠. 인플레이션이라는 상황은 이와 같이 기업들이 나란히 가격을 인상한 결과 경제 전체의 물가가 상승하는 것을 의미합니다. 반대로 경기가 크게 떨어지고 사람들이 지갑을 꾹 닫게 되면 수요 곡선이 왼쪽으로 크게 이동합니다. 그렇게 되면 기업들은 반대로 가격을 낮추려고 애를 씁니다. 이것이 **디플레이션**이라는 상황입니다.

2 경쟁은 좋은 걸까 나쁜 걸까

† 소비자에게 있어서의 이점

시장 메커니즘의 매력은 가격에 맡기면 수요와 공급이 일치한다는 것밖에 없을까요? 이 장에서는 시장 메커니즘의 또 다른 특징, 즉 경쟁이 우리를 행복하게 하는 점에 관해 설명하겠습니다.

보통 사람들은 「경쟁하기보다는 모두 사이좋게 협조하면 좋지 않을까」「경제학자가 목표로 하는 것은 약육강식의 사회이다」「경쟁 중시는 약자를 배려하지 않는 『강자의 논리』가 아닌가」라고 생각합니다. 필자는 이러한 생각들도 모두 옳다는 생각이 듭니다. 확실히 경쟁은 섬뜩하고 냉혹한 측면이 있습니다. 경쟁을 해야 모든 것이 잘 풀린다는 생각은 인간 사회와 인간 행동의 다양한 측면을 무시한 위험한 발상입니다.

그렇다고 해도, 경쟁이 우리에게 주는 이점을 무시할 수 없습니다. 경쟁에 대한 비판적인 목소리가 끊이지 않는 이유는 경쟁이 세상에서 좀처럼 사라지지 않기 때문인데, 경쟁이 사라지지 않는 것은 그 나름의 큰 이점이 있기 때문입니다. 그리고 그 이점을 제대로 설명할 수 있는 것이 경제학입니다.

우선, 우리 소비자들에게 기업 간 경쟁은 어떤 점에서 바람직한지 한번 생각해 봅시다. 이것은 그리 어렵지 않습니다. 기업이 완전 경쟁 상태에 놓이면 조금만 가격이 올라도 고객은 다른 데로 가버립니다. 따라서 기업이 경쟁 상태라면, 가능한 한 싸게 그 제품을 사려는 우리 소비자들에게 매우 고마운 일입니다. 가격이 싸면 쌀수록 그 제품을 많이 살 수 있고, 혹은 다른 제품의 구매를 늘릴 수 있기 때문에 소비자의 효용이 높아지기 때문입니다.

만약 소비자들이 기업 경영자들에게 「경쟁보다는 모두 사이좋게 협조하는 게 좋지 않을까요?」라는 말을 한다면, 그들은 기뻐 눈물을 흘릴 것입니다. 기업들은 경쟁 기업들과 「사이좋게 협조」하여, 제품의 가격을 끌려 올리게 되어, 소비자는 어디를 가든 높은 가격으로만 물건을 살 수 있게 된다면 매우 곤란해지겠죠.

경쟁에서 진 기업은 「패자」가 되어 매장 문을 닫고 시장에서 철수하게 될 것입니다. 이런 현상이 나쁘긴 하지만 소비자들의 입장에서는 어쩔 수 없습니다. 경쟁에 진 패자를 가여워하는 것이 인간적인 일일지 모르지만, 「그러면 왜 당신은 그 기업의 물건을 사지 않았어?」라는 질문에 바로 대답할 수는 없을 것입니다. 당신은 그 기업이 공급하는 제품이나 가격에 매력을 느낄 수 없었기 때문에 다른 회사의 물건을 구입한 것이기 때문입니다.

† 자원의 효율적인 배분

기업 간 경쟁은 가계에 바람직할 뿐만 아니라 경제 전체를 위해서도 큰 이점을 가지고 있습니다. 기업이 조금이라도 가격을 인상하고 싶다면 고객이 한층 더 매력적으로 느끼는 제품을 만들어 공급해야 고객을 다른 기업에 빼앗기지 않습니다. 따라서 기업은 이윤을 극대화하기 위해 기술개발을 통해 생산성을 향상시킴과 동시에 원재료나 노동력을 투입하여 가능한 한 비용을 더 줄이기 위해 노력해야 합니다. 원재료나 노동력은 한정된 자원입니다. 그러한 한정된 자원의 투입을 가능한 한 절약하는 것은 자원의 유효 활용 측면에서 상당히 중요합니다.

예를 들면, 제품 1개를 생산하기 위해서 100g의 철이 필요했는데, 기술혁신으로 80g으로 충분해졌다고 합시다. 이때 절약된 20g의 철은 철을 원재료로 하는 다른 제품의 생산으로 돌릴 수 있습니다. 이것이 한정적인 자원인 철의 효율적 활용이라는 점에서 보면 바람직한 것만은 분명합니다.

중요한 것은, 이러한 자원의 효율적 활용이 「물건을 소중히 사용합시다」라고 하는 도덕적인 설득, 혹은 「너희에게 철의 투입량을 ○○톤으로 제한한다」라는 정부의 명령에 의한 것이 아니라 기업 간 경쟁과 가격 수급 조정 메커니즘에 따라서 자동으로 이루어진다는 점입니다.

여기서 자원 배분에 대한 이야기를 가계에 의한 수요로까지 넓혀봅시다. 가계는 각 제품의 가격을 비교해 보면서 — 이것을 경제학에서는 각 물건의 **상대 가격**에 주목한다고 종종 표현합니다 — 효용이 최대가 되도록 각 제품의 수요량을 결정합니다. 이 경우 가격이 높은 제품일수록 사회 전체에서 볼 때 희귀한 자원을 많이 사용하고 있을 것입니다. 그리고 가계는 한정된 예산 내에서 효용 극대화를 목표로 할 것이기 때문에 다른 조건이 동일하다면, 가격이 높은 물건의 구입에는 소극적이고, 가능한 한 가격이 낮은 제품을 사려고 할 것입니다.

여기에서, 다음과 같은 2가지 점을 지적할 수 있습니다. 첫째, 간접적이지만 상대 가격에 주목하기보다 희귀한 자원일수록 가계는 구입하지 않게 된다는 메커니즘이 작동하고 있다는 것을 알 수 있습니다. 즉, 사회 전체에서 희귀한 자원을 절약하는 구조가 있는 것입니다.

둘째, 이것도 간접적인 구조입니다만, 자원은 그것을 원하고 있는 정도에 따라 각 가계에 배분되게 됩니다. 간단히 말해서, 자원은 그것을 원하지 않는 사람보다 원하는 사람의 손에 넘어간다는 것입니다.

이것은 시장 메커니즘이 **자원 배분** 방법으로 매우 바람직한 구조라는 것을 의미합니다. 게다가 앞서 언급했듯이 도덕적 설득이나 정부의 명령에 의한 것이 아니라 기업 간 경쟁과 가격에 의해 자동으로 달성된다는 점에 다시 한번 주목하십시오. 시장 메커니즘은 자원 배분의 효율성이라는 점에서 매우 높은 점수를 줄 수 있는 것입니다.

† 아담 스미스의 「보이지 않는 손」

여기까지 보면, 경제학자들이 왜 「시장 메커니즘을 중시하라」「경쟁 원리를 도입해야 한다」라고 자꾸 주장하는지 그 이유를 이해했을 것입니다. 지금까지 한 설명의 결론을 정리하면, 「기업이나 가계 모두 자기가 이익이 되는 방향으로 행동해도 괜찮습니다. 시장에 맡겨두면 가격의 변화에 따라 수요와 공급이 제대로 균형을 이룰 뿐만 아니라 한정된 자원도 경쟁과 가격을 통해 효율적으로 배분된다」라고 말할 수 있습니다.

이러한 시장 메커니즘의 특징을, 경제학의 아버지라고 불리는 **애덤 스미스**(Adam Smith, 1723-1790)는 그의 저서 『국부론』 중에서 **「보이지 않는 손」**이 일하고 있다는 표현을 했습니다. 애덤 스미스는 우리에게 안하무인격으로 제 멋대로 행동할 것을 권한 것이 아닙니다. 오히려 시민 사회를 유지하는 데 우리들이 다 해야 할 의무를 제대로 강조하고 있습니다.

또한 제3장에서 자세히 설명했듯이 시장 메커니즘에 모든 것을 맡겨 버리는 것만이 좋은 방법은 아닙니다. 시장은 만능이 아닙니다. 그러나 우리가 자신의 이익을 추구함으로써 사회 전체의 이익에 공헌할 수 있다는 결론은 매우 강한 임팩트가 있습니다. 시장 메커니즘의 단점은 얼마든지 지적할 수 있지만 여전히 시장 메커니즘의 위대함을 무시할 수는 없습니다.

경쟁이 없는 「모두가 좋은 사이」의 세계는 사람들이 서로 도와 함께 살아가는 멋진 세계처럼 보입니다. 거기에는 약자도 강자도 없고, 사람들은 하기 싫은 경쟁에서 해방되고, 마음 편하게 살 수 있을지도 모릅니다. 그러나 시장 메커니즘이 과연 효율적인 자원 배분을 보장하는 구조로 되어 있는 걸까요? 시장 메커니즘의 대안이 되는 효율적인 자원 배분의 구조는 과연 있는 걸까요?

그 점에서 사회주의 경제가 나란히 붕괴한 것은 중요한 의미가 있습니다. 사회주의 경제는 시장 메커니즘에 의해 생성된 다양한 문제를 해결하기 위해 인위적으로 만들어낸 경제 체제입니다. 거기에서는 시장 메커니즘이라는 것은 분권적인 자원 배분의 구조를 관료 조직에 의해 극히 중앙집권적인 자원 배분의 구조로 대체하려는 시도가 있었습니다.

그러나 사회주의 경제의 역사에서 그러한 시도는 모두 실패로 끝났다는 것을 보여주고 있습니다. 경제의 구조는 너무나 복잡해서 인간이 모든 것을 파악할 수는 없습니다. 아무리 머리가 좋은 엘리트들이 모여도 시장 메커니즘 이상으로 잘 자원을 배분하기는 불가능할 것입니다. 사회주의는 인간의 능력과 이성에 대해 너무 낙관적이었습니다.

† 정부는 시장 메커니즘을 어디까지 잡을 수 있는가?

한편, 시장 메커니즘의 「보이지 않는 손」을 정부가 역행하는 시도는 아무리 우리를 위한 일이라고 해도 결국은 우리에게 손해를 끼칠 수 있습니다.

예를 들면, 시장에 맡겨두면 가격이 100,000원으로, 수요와 공급이 사회 전체 10,000개로 균형을 잡을 수 있는 제품이 있다고 합시다. 그런데 정부가 100,000원으로는 도저히 구매할 수 없는 저소득층을 생각해서 이 제품의 가격 상한선을 균형 가격보다 낮은 70,000원으로 설정했다고 가정해 봅시다. 정부의 정책 목표는 결코 비판받을 일은 아닙니다. 정부가 저소득층을 생각해서 낸 정책이기 때문입니다.

그러나 가격이 70,000원으로 인하되면 가계와 기업의 행동이 바뀝니다. 가계의 수요는 가격이 크게 낮아졌기 때문에 지금의 10,000개 이상, 예를 들어 13,000개로 늘게 됩니다. 한편, 기업은 가격이 낮아졌기 때문에 공급량을, 예를 들어 6,000개로 줄이게 됩니다. 그러나 시장에서 실제로 거래되는 것은 수요와 공급 그 어느 쪽이든 크지 않은 쪽이라는 것은 그 누구도 무너뜨릴 수 없는 철칙입니다. 이 경우는 공급 쪽이 거래되는 양을 결정해 버립니다. 즉, 가계에 내어주는 제품의 양은 지금까지보다 4,000개 적은 6,000개가 되어 버립니다.

게다가 이 6,000개를 어떻게 가계에 배분할 것인가 하는 중요한 문제가 나옵니다. 이 제품에 대한 가계의 수요는 13,000개에 달하기 때문입니다. 그러나 시장에 이 물건은 6,000개밖에 없습니다. 그 물건이 생활하는데 중요도가 높은 물건이라면, 「암시장」이 발생할 것입니다. 70,000원이라는 상한선이 설정되었지만, 그 이상의 가격으로 암거래가 이루어집니다. 제품은 6,000개 밖에 없기 때문에 가격 규제가 없었던 때보다 제품이 부족해져서 암거래 가격은 100,000원을 초과할 수도 있습니다. 이렇게 되면 무엇을 위해 가격 상한을 설정했는지 의문입니다. 이 제품은 저소득층에게는 점점 거리가 먼 제품이 되어 버립니다.

마찬가지로 가격의 하한 설정 또는 거래량의 제한도 아무리 그럴듯한 정책 의도가 그 배경에 있었다고 해도 어딘가에서 파탄이 옵니다. 때에 따라서는 정책 의도와는 정반대의 결과가 발생할 수도 있습니다. 시장 메커니즘이 크게 왜곡된 정책은 사람들의 경제적 이익을 훼손하는 결과만을 낳게 됩니다.

그러나 예를 들어 지금 소개한 것처럼 저소득층을 경제적으로 지원하려는 정책은 정부의 일로서는 매우 중요합니다. 시장에만 맡겨 두어서는 해결이 되지 않기 때문입니다. 그럼 어떻게 하면 좋을까요? 시장과 정부의 역할에 대해서는 다음 장에서 다시 논의해 보기로 하죠.

제 3 장

왜 정부가 필요한가?

앞 장에서는 시장이라는 구조가 얼마나 훌륭한가에 대해 설명했습니다. 그러나 그 설명이 옳다면 경제 거래는 모두 시장에 맡기고 정부의 개입은 불필요합니다. 과연 우리는 모든 것을 시장에 맡기면 되는 걸까요?

이 문제는 두 가지 측면을 고려해야 합니다. 즉, 시장 메커니즘이 잘 작동하더라도 그 일을 저해하는 요인이 있다면 정부는 그것을 제거해야 합니다. 다음으로 시장 메커니즘이 잘 작동하더라도 사람들이 원하는 결과를 얻지 못한다면, 정부는 그것을 시정해야 합니다.

즉, 정부는 ① 시장 메커니즘을 잘 작동시키는 것, ② 시장 메커니즘만으로는 성공적으로 처리할 수 없는 문제를 해결하는 것, 이 두 가지 역할을 정부에 기대하게 됩니다. 이 장에서는 이러한 정부의 역할에 대해 생각해 봅시다.

1 시장의 「실패」를 보정하는 정부

† 경쟁을 저해하는 요인과 경쟁 정책

시장 메커니즘이 꽤 뛰어난 구조라는 것은 앞에서 설명했습니다. 하지만 시장 메커니즘이 경제 전체에 바람직한 결과를 가져올

지라도 그 이점이 모든 사람들에게 균등하게 발생하는 것은 아닙니다. 예를 들어, 한 동네에 빵집이 몇 개 있다고 합시다. 빵집은 손님들을 유치하고 매출을 늘리기 위해 조금이라도 더 좋은 빵을 좀 더 싸게 팔 것을 강요받습니다. 그것은 소비자로서는 매우 고마운 일이지만, 돈을 벌어야 하는 빵집에는 어려운 면이 있습니다. 과연 빵집이 편하게 돈을 벌 수 있는 방법은 없을까요?

빵집이 가장 손쉽게 돈을 버는 방법은 그 동네에서 **독점**으로 빵집을 운영하는 것입니다. 새로운 빵집이 동네에 들어오지 못하도록 막을 수 있다면 경쟁이 없으니, 빵의 가격도 마음대로 결정할 수 있습니다. 또는 빵집들이 협정을 맺어 빵 가격을 단합하는 방법도 있습니다. 이것을 **카르텔**이라고 합니다. 두 행위 모두 소비자에게는 좋지 못합니다. 빵 가격이 높아지고, 게다가 맛없는 빵을 사야 할지도 모르기 때문입니다.

열심히 장사하고 있는 빵집들에는 미안한 이야기이고, 경쟁을 피하고 싶어 하는 마음도 인간적으로는 이해되지만, 소비자에게는 곤란한 일입니다.

그래서 정부는 이러한 시장 메커니즘을 저해하는 기업의 행위를 금지하거나 제한합니다. 이러한 정책을 일반적으로 **경쟁 정책**이라고 합니다. 이 경쟁 정책은 기업의 행동을 정부가 제한하는 정책이기 때문에 법적 뒷받침이 필요합니다. 그것을 「독점금지법」이라고 합니다. 그리고 정부의 경쟁 정책의 최고 책임자는 공정거래위원회라는 행정기관입니다. 공정거래위원회는 그 외에도 불공정한 거래가 이루어지지 않도록 끊임없이 감시하고 있습니다.

단, 시장을 하나의 기업 또는 소수의 기업이 지배한다고 해서 즉시 시장 메커니즘의 저해로 이어지는 것은 아닙니다. 이 이야기는 좀 어려울 수 있습니다. 예를 들어, 시장이 간혹 독점 상태에 있더라도, 새로운 기업이 언제든지 그 시장에 진입할 수 있다면 어떨까요? 독점 기업은 잠재적인 경쟁자와 끊임없이 경쟁하는 것과 비슷한 상황에 놓입니다. 또한 한 기업이 국내 시장을 독점하고 있다고 해도, 전 세계 시장에서 보면 그 기업은 경쟁 상태에 있을 수 있습니다.

물론, 이러한 「사실상의 경쟁 상태」를 실현하기 위해서는 신규 기업이 시장에 들어갈 때 다양한 장벽을 낮추거나 외국 기업이 국내에서 자유롭게 판매하는 것을 허락하는 등의 방책이 별도로 필요하게 될 것입니다. 그런 것들이 잘 갖추어져 있다고 해도 독점 기업은 보이지 않는 상대와의 경쟁 상태에 항상 놓이게 됩니다.

† 자신의 행동이 상대에게 미치는 영향 — 외부 효과

시장 메커니즘은 항상 잘 작동하지 않습니다. 시장 메커니즘이 교과서에 설명한 대로 이상적으로 작동하지 않는 상황을 「시장의 실패」라고 합니다. 시장도 「실패」할 수 있다는 것입니다. 이 시장의 실패에는 몇 가지 유형이 있습니다. 다만, 그 어떠한 경우라도 정부가 어떤 방식으로든 문제를 모두 해결해야 합니다. 여기에서는 대표적인 시장의 실패 예로, ① **외부 효과** ② **공공재** ③ **정보의 불완**

전성 ④ **비용 체감**에 대해 소개하도록 하겠습니다. 모두 익숙하지 않은 전문 용어들이지만 내용은 그렇게 어렵지 않으니까 가볍게 다음 설명에 귀 기울여 주세요.

첫째로 다룰 것은 경제 활동의 외부 효과입니다. 지금 특정 제품을 생산하고 있는 공장이 강으로 오염수를 흘려보내고 있다고 가정합시다. 오염수는 이 강 근처에 살고 있는 거주자들에게 피해를 끼칠 뿐만 아니라 공해와 생태계 파괴 등 심각한 문제를 일으킵니다. 따라서 자신이 취한 행동이 시장 메커니즘을 통하지 않고 다른 사람들에게 영향을 미치는 것을 외부 효과라고 합니다.

외부 효과가 발생하면 시장 메커니즘에는 바람직하지 않은 영향을 미칩니다. 공장 생산량과 그에 따른 오염수량은 공장주에게는 최적의 수준일지는 모르지만, 사회 전체에 있어서는 민폐 행위인 것입니다.

이때 정부는 어떤 행동을 취해야 할까요? 공장주에게 생산량과 오염수량을 줄이라는 명령을 내리거나 벌금을 부과하여 생산을 제한할 필요가 있습니다(좀 이상한 방법일 수는 있겠지만, 생산량이나 오염수량을 줄이는 대신 공장주에게 보조금을 주는 방법도 생각할 수 있습니다). 즉, 시장에 맡기는 것이 아니라 정부가 나서는 것입니다.

한편, 외부 효과는 다른 사람에게 바람직한 방향으로 작용할 수도 있습니다. 학교 교육이 그 대표적인 예입니다. 학교를 통한 교육은 본인에게 유익할 뿐 아니라 생산성이 높아지는 등 사회 전체에 바람직한 일이 됩니다. 그래서 정부가 교육에 재정적인 지원을 하고, 교육 환경을 정비하는 것도 중요합니다. 마찬가지로, 예방 접종이나 건강 진단 등 보건 위생도 플러스의 외부 효과가 발생하는 분야입니다. 이를 위해, 여기에도 정부의 지원이 이루어지고 있습니다.

† 독점할 수 없지만 필요한 것 — 공공재

시장에 맡겨두면 좀처럼 제공할 수 없는 제품이나 서비스도 있습니다. 예를 들어, 도서관을 생각해 봅시다. 도서관이 있으면 많은 사람들이 편리하게 이용할 수 있습니다. 그러나 도서관은 독점적으로 이용할 수는 없습니다. 몇 명의 사용자가 같은 책을 빌리기도 합니다. 그래서 구매하면 즉시 자신의 물건이 되는 재화나 서비스와는 다릅니다.

따라서「우리 동네에 도서관을 지으려고 하는데 기부를 좀 해 주세요」라고 부탁을 해도, 자신뿐 아니라 다른 사람들도 공동으로 사용한다는 점을 고려하여, 그렇게 많은 돈을 내려고는 하지 않겠죠. 모두가 그런 생각을 하고 있다면, 도서관은 사람들에게 그다지 필요하지 않은 건물이라고 판단되어 작고 초라한 도서관밖에 지을 수 없게 됩니다.

이러한 도서관처럼 자기가 독점할 수는 없지만 많은 사람이 공동으로 이용할 수 있는 재화나 서비스를 일반적으로 공공재라고 합니다. 이 공공재는 사람들이 자신에게 얼마나 필요한지, 가격이라고 하는 형태로 정확하게 표명되지 못하기 때문에 낮은 평가를 하기 쉽습니다. 즉, 독점할 수 없기 때문입니다. 또한 공공재에 대한 금전적 평가는 우리 각자의 평가를 합한 형태로 이루어집니다. 따라서 시장 메커니즘에 맡겨두면 사람들이 진정으로 원하는 양이 공급되지 않게 됩니다. 그러므로 정부가 우리들로부터 모은 세금을 기반으로 공공재를 공급하게 됩니다.

이 공공재에는 여러 가지가 있습니다. 이 책에서는 도서관의 사례를 들었지만, 공공시설이나 도로 등도 대표적인 공공재입니다. 그러나 실제로는 어떤 공공재를 공급해야 사람들의 요구에 맞는지, 비용 부담을 어떻게 할 것인지 등의 문제가 항상 따라다닙니다.

† 내용을 잘 모르는 재화나 서비스의 거래 — 정보의 불완전성

시장이 잘 작동하지 않는 사례로, 시장에서 거래되고 있는 재화나 서비스에 대한 정보의 불완전성이 문제인 경우가 있습니다. 재화나 서비스의 내용과 특징에 대한 정보가 충분하지 않으면 우리는 그것을 가격으로 어떻게 평가하면 좋을지 곤란해집니다.

예를 들어 지우개를 산다고 합시다. 물론, 우리는 지우개를 어떤 재료로 어떻게 가공하여 상품화되는지 잘 모릅니다. 그러나 지우개를 사용하여 쓱싹 문지르면 연필로 쓴 글자를 깨끗하게 지울 수 있다는 것을 알고 있습니다. 그 정보를 바탕으로 한 자루에 500원이라면 싸다, 비싸다 또는 그 정도의 가격이라면 살 의향이 있다고 판단할 뿐입니다. 그 정도로 충분한 것입니다. 즉 지우개에 대해서는 우리가 지우개를 구매할지 말지 판단을 내리기에는 충분한 정보를 가지고 있습니다.

그런데 어떤 병에 걸려 약을 먹는 경우라면 어떨까요? 어떤 약을 보여주었을 때, 그것이 내 병에 효과가 있을지 아니면 독이 될지 우리는 충분한 지식을 가지고 있지 않습니다. 그런 의미에서 우리가 가지고 있는 정보는 불완전합니다. 그리고 안심되지 않는다면, 그 약을 구입하려고 하지 않겠죠. 그 때문에 병은 좀처럼 치료되지 않을 수 있습니다.

그런데 정부가 적절한 검사를 실시하여 그 약의 효능과 안전성을 확인한 후에 판매를 허락한다면 어떨까요? 우리는 그 약을 안심하고 구입하여 복용할 수 있습니다. 이와 같이 거래되는 재화나 서비스에 대한 정보가 불완전한 경우, 정부가 개입하여 문제를 해결하는 것입니다.

† 생산할수록 비용이 낮아지는 경우 — 비용 체감

시장 실패가 일어나는 경우의 마지막 사례로, 제1장에서 약간 언급한 비용 체감에 대한 이야기를 해 보겠습니다.

지금 어떤 시장에 참여하고 있는 기업이 생산하면 할수록 제품 단위당 비용이 낮아지는 상황이라고 가정해 봅시다. 이런 상황은 흔한 일입니다. 전력 산업은 그 전형적인 예입니다. 발전소나 송전 설비 등 전력을 공급하기 위해서는 많은 장비가 필요한데, 전력을 사용하는 가정이나 사업장이 늘어나면 늘어날수록 단위당 생산 비용은 낮아지게 됩니다. 이러한 현상을 비용 체감이라고 하며, 그러한 성격을 가지고 있는 산업을 비용 체감 산업이라고 합니다.

비용 체감 산업의 경우는 복수의 기업에 경쟁시키기보다는 경쟁을 제한하거나, 혹은 독점시키는 편이 사회 전체에 바람직한 경우가 있습니다. 규모가 작은 기업에 경쟁시켜도 단위당 생산비용이 높아지면 제품의 가격은 그다지 낮아지지 않습니다. 오히려 경쟁을 제한하고 규모가 큰 한 회사 혹은 소수의 회사에 생산을 맡기는 편이 제품의 가격이 낮아집니다.

고도 경제 성장 시대에는 기업들이 선진 주변국들로부터 생산 기술을 적극적으로 도입하여 날마다 생산원가 절감을 위해 노력했습니다. 그것이 국가 산업의 국제 경쟁력 강화로 이어졌던 것입니다. 그러나 그와 동시에 중요한 것은 많은 산업에서 생산할수록 단위당 생산 비용이 낮아지는 비용 체감 상태가 되었다는 것입니다. 산업이 비용 체감 상태가 되면 정부로서는 많은 기업에 경쟁시키기보다는 그 산업에 새로운 참여를 규제하는 편이 좋다고 판단하게 됩니다.

경제학에서는 「시장에 맡겨라」라고 하는데, 이 말이 항상 시장에 먹히는 게 아니라, 오히려 정부가 적극적으로 시장에 개입하는 편이 바람직한 경우도 있다는 말이 됩니다.

필자는 이런 생각을 무작정 받아들여서는 안 된다고 생각합니다. 정부에 의한 규제는 자칫 기존 산업의 이익을 우선시하는 결과로 끝나 버리는 경향이 있습니다. 그러나 더 중요한 점은 비용 체감 상황은 시대의 흐름과 함께 크게 변한다는 거죠. 어떤 시대에는 비용 체감 상태에서 정부의 규제가 정당화되어도 다른 시대에는 해당하지 않다는 걸 충분히 생각할 수 있습니다.

고도 경제 성장 시대에는 정보 통신 산업은 대규모의 설비를 갖출 필요가 있는 전형적인 비용 체감 산업이었습니다. 때문에, 몇몇 통신회사들이 독점적 지위를 차지하고 있었습니다. 그러나 최근에는 IT기술이 급속히 발전하면서 정보 통신 산업으로 신규 진입하기 위해서는 큰 비용이 필요하지 않게 되었습니다. 그렇게 되면, 어쨌든 비용 체감적인 상황이 조금은 남아 있다고 하더라도, 적극적으로 신규 참여를 허락해 주는 편이 기업 간 경쟁에 의해 이용자가 지불할 요금이 낮아질 가능성이 높아집니다. 실제로 정보 통신 산업은 진입규제 완화로 요금이 대폭 낮아지고 있는 대표적인 산업 분야입니다.

† 규제 완화의 개념

이상, 시장은 자주 실패한다는 것, 그리고 그 시장의 실패를 경감시키기 위해 정부가 나서야 할 필요가 있다는 것을 설명했습니다. 그런데 실제로는 오히려 **규제 완화**라는 말을 더 많이 듣게 될 것입니다. 규제 완화란 요컨대 시장 메커니즘에 대한 정부의 개입을 가능한 한 약화시키는 것을 의미합니다. 그렇다면 왜 규제 완화가 필요한 걸까요?

가장 기본적인 이유는 정부의 개입이 필요했던, 혹은 그것을 정당화했던 근거가 시대의 변화와 함께 희미해져 버리고, 오히려 시장의 기능이 약해지는 부분이 생겨나면서 대응이 필요하다는 요구가 생겨납니다. 예를 들면, 앞에서 소개한 정보 통신 분야에서의 규제 완화는 급속한 기술혁신에 의해 비용 체감이 약해지고, 오히려 신규 진입이 이용자에게 바람직하다고 여겨지게 된 것이 그 배경입니다.

규제 완화가 불편하다고 주장하는 분야도 있습니다. 그런 분야의 특징은, 규제를 완화했을 때의 이점이 이용자층이 얇고 넓게 발생하는 반면, 규제를 완화하면 크게 이익이 떨어지는 사람들이 사회 전체적으로 보면 소수지만 어쨌든 존재하고, 그 사람들의 정치적 발언권이 큰 분야입니다. 또한 정부나 지자체의 돈이 일부 투입되어 자신이 해당 서비스 비용을 직접 지불하지 않는 구조로 되어 있으면, 규제 완화의 고마움은 그다지 실감할 수 없습니다.

때문에 규제에 의해 보호받고 있는 사람들의 주장이 전면에 나오게 됩니다. 물론, 그런 사람들은 자신들의 이익을 지키기 위해 규제가 필요하다고는 먼저 말하지 않습니다. 소비자를 위해 규제가 필요하다고 주장합니다. 그러나 규제가 소비자에게 필요한지 여부는 소비자 자신이 최종적으로 판단해야 할 일인 것입니다.

너무 규제 완화에 무게를 실은 설명이 되어 버렸네요. 그런데 필자는 시장 메커니즘의 기능에 기대하는 무조건적인 시장 원리주의도 옳지 않다고 생각합니다. 왜냐하면 첫째, 시장 실패가 존재하지 않고 시장 메커니즘이 잘 작동하고 있다고 해도 정부가 해야 할 역할은 있기 때문입니다. 그 대표적인 예는 소득을 재분배하는 일입니다. 둘째, 시장이 이상적으로 작동하고 있다고 해도 거기에는 상당한 시간이 걸리고, 수요와 공급의 불균형이 오랫동안 지속될 것 같으면 정부는 어떠한 형태로든 대응할 필요가 있습니다. 그러한 정부의 역할을 경제 안정화라고 합니다.

다음은 정부가 해야 할 이 두 가지 역할에 관해 이야기를 나눠 봅시다.

2 고소득층에서 저소득층으로의 소득 재분배

† 공평성이라는 관점

시장 메커니즘은 제한된 자원을 가장 효율적으로 배분하는 매우 뛰어난 구조로 되어 있습니다. 그리고 시장 메커니즘이 충분히 작동하고 있으면 사람들은 사회에서의 생산 활동에 공헌한 만큼 보상을 받을 수 있습니다. 이것은 꽤 공정한 규칙입니다. 성별이나 국적, 출신지, 부모의 직업 등에 상관없이 모두가 같은 공간의 링 위에서 평등하게 대결할 수 있는 사회는 **「기회의 평등」**이 유지되고 있는 사회라고 할 수 있습니다. 시장 메커니즘이 기반이 되어 있는 사회는 이 「기회의 평등」이 성립되기 쉬운 사회라고 할 수 있겠죠. 그리고 사회에 공헌한 만큼 보상이 주어진다는 약속을 공적 원리라고 합니다. 이 원리가 있기 때문에 더욱더 사람들은 열심히 일하려고 하는 것입니다.

하지만 열심히 일을 하는 주체는 사람입니다. 같은 선생님의 수업을 들어도 성적이 좋은 학생과 그렇지 않은 학생이 있는 것처럼 일해서 얻는 임금에도 차이가 생깁니다. 그 차이는 젊을 때는 그다지 크지 않을 수 있지만, 나이가 들수록 커집니다. 사업적으로 성공하여 부자가 되어, 자손들에게 둘러싸여 풍요로운 노후를 보내고 있는 사람이 있는가 하면, 의식주도 해결하지 못하는 사람도 있습니다.

이러한 소득 격차는 시장에서는 해결할 수 없습니다. 오히려 사람들의 능력이 시장에서 정확하게 평가되고, 그에 따라 임금이 지급되게 되면 소득 격차는 더 뚜렷해집니다. 시장은 경쟁의 결과로 발생하는 「결과의 불평등」에 대해서는 아무도 손을 대려고 하지 않습니다. 아무리 「시장에 맡겨라」라고 말해도 맡겨서 해결할 수 없는 문제가 있는 것입니다.

사람마다 정도의 차이는 있지만 「세상은 불평등한 것보다는 평등한 것이 좋다」라는 생각을 하고 있습니다. 이러한 생각을 **공평성**의 관점이라고 합니다. 시장은 한정된 자원을 가장 효과적으로 활용하는 효율성 면에서는 높은 점수를 주지만, 형평성 면에서는 그다지 점수를 얻을 수 없습니다.

그러니까 거기에 정부의 일이 있는 거죠. 시장에서 다양한 경제활동의 결과, 얻은 소득이 높은 사람으로부터 정부가 일정 금액을 징수하여, 소득이 낮은 사람에게 그것을 분배하는 **소득 재분배**가 정부의 일이 됩니다. 소득 재분배를 위해서는 소득이 높은 사람일수록 세율을 높이고, 소득이 낮은 사람은 생활보호 대상이 되는 구조를 생각할 수 있습니다.

경제학자 중에는「능력」의 차이에 의해 발생한 소득 격차는 시정할 필요가 있지만,「노력」의 차이에 의해 발생한 소득 격차는 시정할 필요가 없다는 입장을 고수하는 사람들도 있습니다. 그런 생각이 일리는 있지만 필자는 그렇게 생각하지 않습니다. 능력과 노력은 그렇게 쉽게 구별할 수 있는 것이 아니기 때문입니다(노력할 수 있는 것도 능력 중 하나입니다). 또한 시장은 개개인이 노력하는 차이를 정확하게 평가할 수 없습니다.

어느 쪽이든, 소득 재분배의 구조를 작동시키기 위해서는 강제력이 필요합니다. 고소득자 중에는 자신의 소득 일부를 저소득층을 위해 자발적으로 기부하는 자애로운 사람들도 있기는 하지만, 모든 사람이 그렇게 할 수는 없으므로 자산 유무를 가리지 않고 돈을 걷을 필요가 있습니다. 정부는 세금이라는 형태로 사람들로부터 강제로 돈을 모을 수 있는 유일하고 합법적인 조직입니다.

† 어디까지 공평성을 추구해야 하는가

이제는 「정부가 소득 재분배를 어디까지 추진할 것인가」라는 중요한 문제가 남아 있습니다. 여기서는 양쪽으로 갈린 극명한 생각의 차이에 관해 설명하겠습니다.

하나는 그 사회를 전체적으로 봤을 때, 사람들이 얻은 소득의 총액이 높으면 높을수록, 그 사회는 행복하다고 보는 관점입니다. 이것은 **벤담**(J. Bentham, 1748-1832)이라는 영국의 사상가가 정립한 **공리주의**적 개념입니다.

이 공리주의의 입장은, 사회 전체의 행복은 소득으로부터 얻은 개인의 행복을 합한 것이고, 그 합계가 최대가 되면, 개인의 소득이나 행복에 격차가 있다고 해도 소득 재분배를 적극적으로 할 필요를 못 느낀다는 생각입니다. 벤담 선생님이 그렇게까지 극단적인 말을 했을 리가 없지만 경제학에서는 공리주의를 이렇게 특징짓는 경우가 종종 있습니다.

또 하나는, 세상에서 가장 소득이 낮은 사람의 행복에 따라 그 사회 전체의 행복 지수가 결정된다는 생각입니다. 이 생각은 미국의 정치 철학자 **롤스**(J. Rawls, 1921-2002)에 의해 정립되었습니다. 이 입장은, 소득은 가급적 평등하게 분배되고 있는 상황이 바람직하다는 생각입니다. 소득이 어떻게 분배되고 있는지에 무관심한 공리주의적 발상과는 180도 다른 생각이죠.

우리의 형평성에 대한 생각은, 아마도 벤담 적(공리주의적) 입장과 롤스 적 입장의 중간쯤에 위치하고 있을 것입니다. 물론, 사람에 따라서 보는 관점은 다르겠죠. 구체적으로 자기 생각을 드러내지는 않겠지만 자신이 어느 쪽 입장에 가까운지의 차이는 생깁니다. 사회 전체적으로 공평성에 대한 인식은, 그 사회 구성원들의 평균적인 생각을 반영할 것입니다.

그러나 형평성을 어느 정도까지 추구할 것인가 — 보다 현실적인 문제에서는 정부에 어디까지 소득 재분배를 하게 할 것인가 — 라는 선택은 효율성과의 균형으로 생각해야 합니다. 예를 들면 형평성을 너무 극단적으로 추구하면 어떻게 될까요? 아무리 일을 해도 정부로부터 세금이라는 형태로 자신이 번 돈을 징수당해서 모두 같은 월급을 받게 된다면 그 누구도 열심히 일하려고는 하지 않게 될 것입니다. 그러면 사회 전체의 생산량은 떨어지고, 생산성을 향상시킬 수 있는 유인책은 나오지 않게 되므로 결국, 재화가 부족해지고 암거래가 빈번하게 일어나게 될 것입니다. 과거 사회주의 국가들이 체제를 유지하지 못하고 시장경제로 넘어가게 된 것도 공평성을 지나치게 추구하고 효율성에 소홀해진 결과라고 볼 수 있겠죠.

† 어디까지 효율성을 추구해야 하는가

한편, 효율성만 극단적으로 추구해도 문제가 생깁니다. 지금은 성과에 따라 임금을 지불하는 「**성과주의**」 풍조가 높아지기 시작했습니다. 성과를 거둔 만큼 월급이 올라가니까 의욕이 생기고, 그래서 회사의 이익도 높아진다는 점에서 성과주의는 확실히 바람직한 구조입니다. 하지만 세상에는 상대적으로 능력이 떨어지는 사람도 있습니다. 열심히 분발하지만, 성과가 오르지 않는 사람도 있을 수 있습니다. 그런 사람들에게 「월급이 낮은 것은, 당신이 성과를 올리지 못했기 때문이다」라고 말하면 그만이라는 세상이 과연 살기 좋은 사회일까요? 기업의 논리로 보면 ― 혹은 넓게 시장의 논리로 보면, 이라고 말해도 좋지만 ― 성과주의는 이치에 맞는 구조이기는 하지만 거기서 발생하는 소득 격차에 대해서는 정부에 의해 어느 정도 시정이 필요하다고 우리는 생각할 것입니다.

효율성과 형평성, 그 한쪽만을 추구하는 것은 바람직하지 않으며, 애초에 불가능합니다. 이 양자는 한쪽을 목표로 하면 다른 쪽이 소홀해지는 **트레이드오프**(trade-off)가 되는 경우도 적지 않습니다. 그러나 양자를 어떻게 조합할 것인지에 대한 물음에 경제학은 유감스럽게도 누구나 납득 가능한 답을 제시할 수는 없습니다. 「뭐야, 경제학 별거 아니네!」라고 생각하는 독자도 많을 것입니다. 그러나 세상의 논의를 보면 어느 한쪽으로 편향된 논의만 눈에 띕니다. 대립하는 논의를 「교통 정리」하여, 객관적으로 비교하는 틀을 제시하는 것, 이것이 경제학의 강점입니다.

그렇다면 효율성과 형평성은 어떻게 조합할 수 있을까요? 결국, 그 사회를 구성하는 사람들 다수의 의견에 따라 결정된다고 밖에 볼 수 없습니다. 다만 지금까지는 양자가 트레이드오프의 관계에 있다는 점이 사회적으로 충분히 인식되고 있지는 않은 것 같습니다. 경제의 효율을 높이고 경제성장을 꾀하면서 여분의 돈으로 소득 격차도 해소할 수 있는 상황이 계속되었기 때문입니다. 그러나 앞으로는 어떨까요? 경제성장 속도가 느려지면 경제의 효율성을 높이고 형평성도 추구할 수 있는 상황은 오지 않게 됩니다. 양자 사이에 성립하는 트레이드오프의 관계는 앞으로 점점 명료해질 것입니다.

독자 여러분은 경제학이 효율성과 형평성이라는 두 개의 평가축을 가지고 그 균형을 어떻게 취할 것인가 하는 점에 주력하고 있다는 것을 꼭 기억해 두시기를 바랍니다.

† 소득 격차와 소득 재분배

그렇다면 소득 격차는 어느 정도까지 나고, 또 그것이 소득 재분배에 따라 어떻게 개선되는지 간단히 살펴보도록 하겠습니다.

우리는 회사 등에서 벌어들인 돈의 일부를 세금이나 사회보험료로 정부에 납부합니다. 특히 세금은 소득이 높은 층일수록 세율이 높아집니다. 한편, 우리는 정부로부터 돈을 받습니다. 예를 들어 생활이 곤란해지면 생활 보장을 받고, 고령이 되면 연금을 받습니다. 우리가 사회 보장 제도를 통해 정부로부터 받는 이러한 돈을 **사회보장급여**라고 합니다. 또한, 병원에서 진료를 받게 되면, 의료비 중 병원 창구에 지불하는 자기 부담금을 제외한 금액을 의료보장이라는 명목으로, 정부로부터 지원을 받습니다. 이러한 세금과 사회보장제도에 의해 소득 재분배가 이루어지고 있습니다.

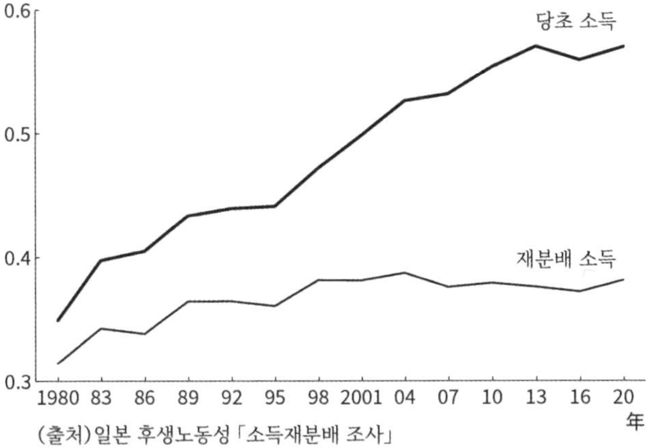

(출처)일본 후생노동성「소득재분배 조사」

그림 6 소득격차를 나타내는 지니계수의 추이

세금이나 사회보험료, 그리고 사회보장급여 등의 수령이 이루어지기 전의 소득을 당초 소득이라고 합니다. 그리고, 그 당초 소득에서 세금이나 사회보험료를 공제하고, 사회보장급여 등을 더한 것을 재분배 소득이라고 합니다. 소득을 연금에만 의존하고 임금근로자로 일을 하지 않는 고령자의 경우에는 당초 소득은 0에 가깝지만, 재분배 소득은 연금 외에 의료 · 간호 서비스의 급여를 반영한 수준이 됩니다.

한편, 소득격차의 정도를 측정하는 대표적인 지표로 **지니계수**라는 것이 있습니다. 이 지표는 0에서 1까지의 값을 가집니다. 소득이 완전히 평등하게 분배되었다면 0, 1인이 독점하고 있는 경우는 1이 됩니다. **그림 6**은 과거 40년간 일본의 지니계수 추이를 나타낸 것입니다. 이 그림에서 알 수 있듯이 당초 소득으로 본 지니계수는 점점 상승하고 있습니다. 한편, 재분배 소득으로 본 지니계수는 2000년대에 들어서면서 거의 보합세를 보입니다. 양자의 차이는 세금이나 사회보장 등의 소득 재분배로 설명할 수 있으므로, 정부의 재분배 정책은 격차가 확대되는 것을 막는 데 상당히 기여하고 있는 것처럼 보입니다.

그러나 이러한 지니계수의 해석에는 주의가 필요합니다. 우선, 당초 소득으로 본 지니계수의 상승은 소득이 낮은 노인의 비율이 고령화로 높아져서 소득이 높은 젊은 층과의 소득 격차가 사회 전체적으로 심화하는 것으로 설명할 수 있습니다. 따라서 단순히 「격차가 심각하게 확대되고 있다」라고만 보기 어려운 면이 있습니다. 실제로 우리 생활에서 더욱 중요한 재분배 소득으로 보면, 격차가 확대되는 경향이 있다는 것을 명확하게 확인할 수는 없습니다.

그러나 그렇다고 재분배 정책이 잘 되고 있다고 무조건 좋아할 수도 없습니다. 고령화라는 요인이 그 이면에 크게 작용하고 있기 때문입니다. 이 점은 좀 더 자세히 설명해 두겠습니다. 연금이나 고령자의 의료·간병 등의 사회 보장 제도는 젊은 층에서(평균소득이 높은) 고령층으로(평균소득이 낮은) 가는 돈의 흐름을 낳습니다만, 그 흐름이 고령화의 진전으로 자동으로 팽창하게 됩니다. 그 결과, 젊은 층과 고령층 간의 격차가 축소되면서 사회 전체의 지니계수도 떨어지는데, 이는 오히려 고령화가 가져온 자연스러운 결과라고 할 수 있습니다. 같은 연령층 사이에서 소득이 높은 계층에서 낮은 계층으로의 소득 재분배가 잘 이루어지고 있다는 것을 보여주는 것은 아닙니다. 사실, 그 나라의 빈곤 문제는 혼자 사는 노인이나 미혼모 등 한부모 가정과 같은 세대에서 보면 다른 선진국에 비해 현재 심각한 수준일 수도 있습니다.

소득격차에 대한 논의는 그 사람의 입장에 따라 여러 가지로 바뀌고 통계도 표면적·자의적인 해석이 되는 경우가 많기 때문에 주의할 필요가 있습니다.

3 경제를 안정시키는 역할

† 가격은 좀처럼 내리기 어렵다

시장 메커니즘이 이상적으로 작동한다고 해도 정부가 해야 할 역할은 여전히 존재합니다. 그중 하나가 소득 재분배라는 점에 대해서는 이미 설명했습니다. 그다음으로 정부에 기대되는 역할인 경제 안정화에 대해 생각해 봅시다.

수요와 공급이 균형을 이루도록 가격 조정을 한다 — 그 자체는 바람직하지만, 가격 조정이 그렇게 간단히 되는 일이 아닙니다. 가격은 왜 쉽게 조정이 되지 않는지에 대해서는 예전부터 다양한 가설이 있어 왔지만, 이렇다 할만한 결정타는 아직 보이지 않습니다.

좀처럼 변하지 않는 것은 가격뿐만이 아닙니다. 부모님이 받는 월급(임금)도 그렇습니다. 회사의 매출은 매달 변하고 있는데도 통장에 찍히는 월급의 액수는 정해져 있습니다. 월급이 올라가면 불만이 없겠지만, 월급이 내려가면 사람들은 기분이 나쁩니다. 직원들에게 지급할 월급을 쉽게 깎을 수도 없고, 기업이 자체 생산하고 있는 물품의 가격도 대폭으로 인하하지도 못합니다.

이처럼 재화나 서비스의 가격, 그리고 월급은 유연하게 변하지 않습니다. 이는 가격을 통한 수요와 공급의 균형을 조정하는 일이 그만큼 원활하게 되지 않는다는 것을 의미합니다. 그럼, 시장에서는 지금 어떤 일이 일어나고 있는 걸까요? 경기가 나쁠 때, 가격이 유연하게 낮아지지 않으면, 수요가 공급을 계속 밑돌고, 재고가 좀처럼 사라지지 않게 됩니다.

† 케인스와 「유효 수요의 원리」

이러한 관계는 경제 전체적으로 연결되어 있습니다. 이하, 경제 전체에 걸친 재화나 서비스의 수요 합계를 **총수요**, 공급의 합계를 **총공급**, 그리고 재화나 서비스의 가격을 종합적이고 평균적으로 본 것을 **물가**라고 부르겠습니다.

앞에서 설명한 바에 의하면, 경제활동의 수준을 결정짓는 것은 단기적으로는 총공급이 아니라 총수요임을 알 수 있습니다. 이 개념을 「**유효 수요의 원리**」라고 합니다. 「유효(effective)」라는 말은 설명하기 어렵지만 「실제로 발생하고 있는」 총수요라고 생각하면 좋을 것입니다.

유효 수요의 개념은 영국의 위대한 경제학자 **케인스**(J. M. Keynes, 1883-1946)에 의해 처음 세워진 개념입니다. 이 개념은 『고용 · 이자 및 화폐의 일반 이론』이라는 1936년에 간행된 책에 정리되어 있습니다. 케인스의 개념에 대해서는 많은 우수한 해설서들이 시중에 많이 나와 있으니 관심 있는 분들은 한번 읽어보시기 바랍니다.

케인스가 등장하기 전의 경제학은 가격에 의한 수급 조정 메커니즘을 당연시 여겼기 때문에, 가격은 좀처럼 움직이지 않는다는 케인스의 생각은 사람들에게 큰 충격을 주었습니다. 애초에 경제 전체의 총수요가 부족해도, 시간이 아무리 흘러도, 물가는 내려가지 않고 실업자가 생기는 현실은 지금까지의 이론으로는 설명할 수 없었습니다. 오히려 총수요가 부족하여 재고가 발생하고 물가가 하락하여 결국 물건을 팔 수 없게 되는, 즉, 경제 전체의 활동 수준은 총공급이 결정하는 것이라는 개념 ― 이것을 「**세이의 법칙**」이라고 합니다 ― 이 그때까지 경제학의 일반적인 생각이었던 것입니다.

케인스 경제학은 이전과는 크게 다른 경제학을 탄생시키게 되었습니다. 가격을 중심으로 한 시장 메커니즘의 해명을 중시하는 경제학에서는 충분히 해명할 수 없는 문제, 즉, 왜 경제 전체적으로 수요와 공급은 균형을 잘 이루지 못하는지, 균형을 이루지 못한다면 정부는 어떤 역할을 해야 하는지, 그러한 주제를 다루는 경제학이 탄생한 것입니다. 그러한 경제학을 **거시경제학**이라고 부릅니다.

거시경제학은 현재는 대학 수업에서 흔히 다루지만, 케인스의 생각과 대립되는 개념도 다루고 있습니다. **「케인스안」** 대 **「고전파」**라는 대립 구도입니다. 여기서 고전파라고 불리는 사람들은 시장의 가격 조정 메커니즘을 케인스안 만큼은 부정적으로 보지 않습니다(이 고전파의 생각은 그 후 신고전파로 발전했습니다). 따라서 경제정책의 기본 방향에 대해서도 양자 간 의견이 대립하는 경우가 종종 있습니다.

그러나 거시경제학이라는 논의의 현장이 케인스에 의해 세워진 것은 부정할 수 없습니다. 그리고 그 역사는 100년도 채 안 됩니다.

† 실업자를 줄이려면

「유효 수요의 원리」가 옳다고 보면, 정부가 해야 할 역할이 상당히 확실해집니다. 세상의 다양한 분야에서 가격이 잘 조정되어 총수요와 총공급이 즉시 균형을 맞추는 상태가 되면, 정부가 적극적으로 시장에 나서야 할 일은 매우 한정적입니다. 그러나 유효 수요의 원리가 상정하는 세계에서는 총수요와 총공급은 일치하지 않는 것이 보통입니다. 그래서 정부가 적극적으로 나서지 않으면 안 됩니다.

지금 경제가 심각한 불황에 빠져 있다고 칩시다. 이럴 때 회사는 가능한 한 종업원들의 고용을 줄이려고 할 것입니다. 즉, 노동에 대한 수요가 떨어집니다. 모든 회사가 그런 상황이라면 사회 전체의 노동 수요는 낮은 수준에 그칩니다. 하지만 대부분의 사람은 일을 해야 먹고 살 수가 있습니다. 일하고 싶어 하는 사람들이 많으면, 즉 노동 공급이 충분하면, 일을 할 수 없는 사람들이 나옵니다. 일을 하고 싶은데 일을 할 수 없는 사람들을 실업자라고 합니다. 노동 수요가 노동 공급을 밑돌게 되면 그만큼 실업자가 발생하게 됩니다.

실업자가 존재할 때 시장 메커니즘이 교과서대로 작동하면 임금이 저하됩니다. 임금이 저하되면 「임금이 낮아졌으니, 직원을 좀 늘려도 될 것」이라고 생각하는 경영자가 생기기 시작할 것입니다. 그러면 노동에 대한 수요가 회복되고 실업자는 감소하게 됩니다. 하지만 임금이 좀처럼 낮아지지 않는다면 어떻게 될까요? 이미 회사에 고용된 사람들이 임금 인하에 저항하게 되고, 시간이 어느 정도 지나도 세상에는 실업자가 계속 존재합니다. 실업자는 수중에 돈의 여유가 없기 때문에 많은 물건을 살 수가 없습니다. 그만큼 회사 매출도 늘지 않기 때문에 노동에 대한 수요도 부진한 상태입니다.

이럴 경우, 「그냥 두면 된다」라는 것도, 한 가지 방법입니다. 아무래도 바로 임금을 낮추기는 어려운 현실이지만, 시간이 지나면 조정은 될 것입니다. 머지않아 실업자는 낮아진 임금으로 고용될 것이라는 견해도 있습니다. 하지만 사람들은 그렇게 오랫동안 실업 상태에 놓이는 것을 견딜 수 없어 할 것입니다. 오늘 당장 생활고에 시달리고 있는데, 「시간이 지나면 실업이 사라진다」는 말이 당사자들에게는 달가울 리가 없습니다. 「그럼 나 대신 한번 실직해 보든가」라고 말하고 싶을 겁니다.

실업을 방치하는 것은 사회 전체적으로 바람직하지 않습니다. 경제는 활기를 잃게 되고, 일자리를 가진 사람과 못 가진 사람 간에 소득 격차가 확대됩니다. 따라서 정부의 대응이 요구됩니다. 이것이 정부에게 주어진 경제 정책의 중요한 역할입니다.

† 정부에 의한 수요 조정

정부는 어떤 경제 정책을 펴야 하는가 — 이 문제를 생각하기 위해서는 지금까지의 도구로는 충분하지 않습니다. 경제 전체의 구조를 파악하는 거시경제학이라는 토양이 필요합니다. 그러나 그렇게까지 이야기를 진행하지 않더라도 실업을 줄이기 위해 정부가 취해야 할 정책에 대해서는 현명한 독자라면 이제 어느 정도 짐작하고 있지 않을까요?

결론부터 말하면, 노동에 대한 수요가 부족하기 때문에 그 수요를 환기시키는 정책을 실시하면 되는 것입니다. 실직 상태인 사람들에게 일을 하도록 하기 위해서는, 예를 들면 다음과 같은 방법이 있습니다.

첫째는 정부가 스스로 고용 기회를 창출하는 것입니다. 도서관이나 복지시설, 도로, 항만 등 공공시설을 건설하는 프로젝트를 시작하고, 사람들이 거기에서 일을 하도록 합니다. 그 사람들의 임금은 정부가 지불합니다. 정부에 그런 돈이 있을지 의문이 들겠지만, 국민들에게서 모은 세금을 쓸 수도 있고, 그래도 부족한 부분은 빚을 내서 조달할 수도 있습니다. 공공 공사에는 많은 자재가 필요한데, 그 자재에 대한 수요도 늘어나기 때문에 거기서도 노동 수요가 올라갑니다. 극단적으로 말하면, 공터에 구멍을 파고, 그 구멍을 메우기 위해 사람을 고용하는 것도 실업 대책으로서는 용인되는 일이 되는 겁니다 (과연 정말 그럴까요?).

둘째는 정부가 직접적으로 고용 기회를 창출하지 않아도 기업과 가계에 재화나 서비스를 그 어느 때보다 많이 구입하도록 하는 정책을 생각할 수 있습니다. 기업이나 가계가 재화나 서비스의 구입을 늘리면, 그 생산을 위해 종업원의 고용을 늘릴 필요가 생길 것입니다.

이러한 유형의 정책을 시행하는 예는 다음과 같습니다. 국민이 납부해야 할 세금을 줄이면, 우리는 형편이 좋아지기 때문에 구매를 늘릴 것입니다. 또 기업이나 소비자가 은행에서 돈을 빌릴 때, 이자(금리)를 낮추면 돈을 빌려 기계를 구입하려는 기업이나 물건을 더 사고 싶어 하는 소비자들이 늘어날 것입니다.

이는 모두 재화나 서비스, 그리고 노동에 대한 수요를 정부에 의해 환기시키는 정책입니다. 일반적으로 경기 대책이라고 불리는 정책들은 모두 이런 유형이라고 생각하면 됩니다. 세상에서 일을 하고 싶어 하는 사람이 모두 직업을 갖고 있는 상태를 **완전 고용**이라고 하는데, 그 상태가 항상 달성되는 것은 아닙니다. 그래서 정부가

완전 고용 달성을 목표로 나서는 것입니다. 경기 대책을 좀 더 경제학적으로 표현한 것으로 「총수요관리정책」 「유효 수요정책」이라는 말도 있지만 내용은 같습니다.

반대로 경기가 좋아져서 일손이 부족한 경우는 어떨까요. 이번에는 총공급보다 총수요가 더 크고, 임금과 재화나 서비스의 가격이 점점 상승합니다. 이것도 바람직하지 않습니다. 물가가 전체적으로 상승하기 때문에 가만히 내버려두면 돈의 가치가 떨어집니다. 그렇게 되면, 지금 당장 물건으로 바꿔 두려는 사람이 늘기 때문에 더 물가가 상승합니다.

이러한 상태를 막기 위해서는, 앞의 경우와는 반대로 정부가 현재의 총수요를 약화시킬 필요가 있습니다. 즉, 정부는 공공 공사를 줄이거나 감세가 아닌 증세를 실시하거나, 혹은 금리를 높여 돈을 빌리기 어렵게 만들어야 하는 것입니다.

요컨대 가격 조정 메커니즘을 100% 신뢰할 수 없기 때문에 정부가 총수요의 크기를 조정하여 경제를 안정시키는 것이 여기서 요구되는 정부의 역할이라는 것입니다.

제 4 장

경기 전체의 움직임을 파악한다

경제에는 시장 메커니즘이 있어, 가격이 수요와 공급을 균형 있게 맞추고, 한정된 자원을 유효하게 배분할 수 있습니다. 그러나 시장은 만능이 아니라 정부의 역할이 필요해지는 경우가 있습니다. — 앞 장의 내용을 간단히 정리하면 이렇게 됩니다. 경제의 구조나 정부의 역할에 대해 뭔가 감이 잡혔다면 정말 다행입니다만, 본 장에서는 좀 더 현실적인 이야기를 해보겠습니다.

가계나 기업의 행동, 시장 메커니즘의 작동이라는 다소 추상적, 원론적인 이야기를 하는 경제학을 **미시경제학**이라고 합니다. 그런데 우리 주변에서는,

「경기가 좀처럼 나아질 기미가 보이질 않아. 매달 월급이 낮아져서 어찌해볼 도리가 없네」

「은행에 돈을 맡겨도 금리가 거의 제로야. 어떻게 된 거지?」

「정부는 적자가 늘고 있다는데… 갚을 수는 있는 거야?」

라는 현실적인 이야기들을 많이 합니다. 이러한 문제들을 해결하기 위해서는 아무래도 지금까지 나온 도구들로는 충분하지 않을 것 같습니다. 된다고 해도 좀 더 연구가 필요할 것입니다.

그래서 등장하는 것이 앞에서도 조금 언급한 **거시경제학**입니다. 지금까지의 미시경제학의 개념을 바탕으로 가계나 기업의 개별적 행동들을 모으고, 경기, 이자율, 물가 등의 변수를 고려하여 경제 전체의 움직임을 생각해 보겠습니다. 거시경제학으로 주제를 바꾸면 경제 문제가 좀 더 현실적으로 다가올 겁니다.

1 경제 전체의 크기를 측정한다

† 경기가 좋아진다는 것은 무슨 말인가

우선 「경기가 좋아진다」는 것은 무엇을 의미하느냐는 문제로부터 시작하도록 하겠습니다. 경제 전체의 움직임을 우리는 종종 **경기**라는 말로 표현합니다. 「경기가 좋아진다」는 것은, 알기 쉽게 말하면 경제 전체가 「건강해진다」는 뜻입니다. 호황, 호경기, 경기 확장이라는 말도 있습니다. 경기가 좋아진다고 하면, 우리는 다음과 같은 세 가지 중 적어도 하나를 떠올리게 됩니다.

첫 번째는 「잘 팔린다」는 거죠. 백화점이나 마트, 소매점의 매출이 증가한다, 레저나 여행을 가는 사람이 증가한다는 것처럼 소비자가 재화나 서비스를 그 어느 때보다 많이 구입하는 것입니다. 소비자뿐만 아니라, 기업도 생산을 위해 새로운 기계를 구입하고 때에 따라서는 공장을 확충합니다. 국내에서 생산된 제품이 외국으로 많이 수출될 수도 있겠죠. 이와 같이, 소비자나 기업의 구매, 혹은 수출의 형태로 재화나 서비스의 매출이 늘어나는 것이 경기가 좋아지는 현상입니다.

두 번째는 「생산이 늘어난다」는 것입니다. 잘 팔리기 때문에 기업은 생산을 늘려야 합니다. 그리고 생산을 늘리기 위해서 기업은 그 어느 때보다 많은 종업원을 고용할 것입니다. 이미 일하고 있는 종업원들에게는 잔업을 시키고, 파트타임이나 아르바이트를 늘리고, 그래도 부족할 때는 신규 채용을 늘립니다. 게다가 생산을 확대하기 위해서는 원재료의 매입을 늘리고 생산 설비를 확충해야 할지 검토를 하게 됩니다. 즉, 「생산량이 증가한다」는 것은 「잘 팔리는 것」으로도 이어집니다.

세 번째는 「소득이 늘어난다」는 것입니다. 잘 팔리고 생산량이 늘어나면 기업의 이익도 늘어날 것이고 종업원의 급여도 높아집니다. 잔업비나 보너스가 늘고, 기본급의 인상도 기대할 수 있습니다. 급여가 높아지면 소비자들의 지갑의 끈은 느슨해집니다. TV를 바꾸고, 새로운 옷을 사고, 심지어 집을 사려는 사람도 생기기 시작합니다. 이렇게 해서 「소득이 늘어난다」는 것은 「잘 팔리는 것」으로도 이어집니다.

이렇게 「잘 팔린다」, 「생산이 늘어난다」, 「소득이 늘어난다」는 세 가지 측면이 동시에 일어나는 것이 「경기가 좋다」고 표현되는 상황입니다. 이 세 가지 측면이 제각각 움직이는 것이 아닙니다. 이것들은 서로 연결되어 있습니다. 반대로 「경기가 나쁘다」고 할 때는 「잘 팔리지 않는다」, 「생산이 줄어든다」, 「소득이 줄어든다」는 상황이 동시에 일어나고 있는 것입니다.

여기서 다음과 같은 것을 눈치챌 수 있습니다. 먼저 「팔린다」는 것을 판매자가 아닌 구매자가 볼 때는 「지출」로 바꿔 말할 수 있습니다. 그러면 경기가 좋다(나쁘다)는 것은 지출, 생산, 소득의 세 가지가 모두 좋다(나쁘다)는 것이 됩니다.

이야기를 좀 더 진행해 보면, 지출, 생산, 소득은 같은 방향으로 움직일 뿐만 아니라, 모두 같은 크기로 되어 있는 게 아닐까, 즉 지출, 생산, 소득은 같은 것을 다른 각도에서 본 것에 지나지 않는 건 아닐까요? 사실, 그 상상이 맞습니다. 그것을 **삼면 등가의 법칙**이라고 합니다.

† 생산이란 「부가가치의 합계」이다

사람들이 지출한 금액, 사람들이 생산한 금액, 사람들이 벌어들인 소득이 모두 같다는 삼면 등가의 법칙은 어떻게 성립되는 걸까요? 여기는 중요한 부분이니까 좀 더 상세히 살펴보도록 하죠.

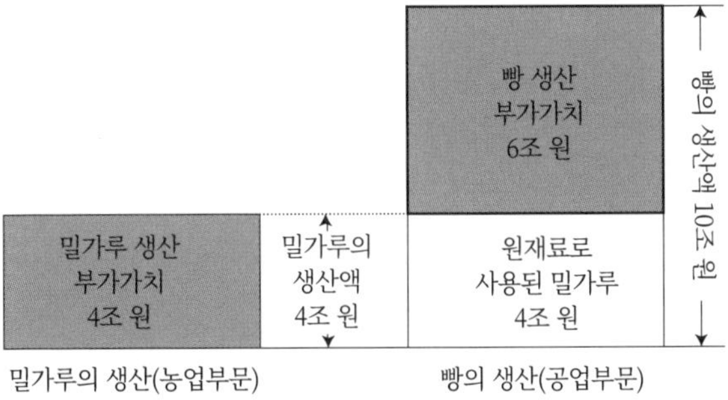

그림 7 밀가루와 빵 생산과 부가가치

이야기를 쉽게 하기 위해, 한 나라의 경제가 ① 밀을 생산하는 「농업 부문」과 ② 그 밀을 제분하고 거기서 만들어진 밀가루로 빵을 생산하는 「공업 부문」으로만 구성되어 있다고 합시다. 또한 농업 부문은 원재료 없이 밀을 생산하고 있고, 사람들은 빵만 먹고 생활한다고 가정합시다(밀과 빵 이외의 재화나 서비스는 모두 무시합니다).

그림 7에 나타낸 것처럼, 밀(농업 부문)과 빵(공업 부문)의 생산액(=매출액)이 각각 4조 원, 10조 원이었다고 하면, 이때 이 나라 전체의 생산액은 얼마일까요? 밀과 빵의 생산액을 더해 14조 원이라고 대답하고 싶겠지만, 그것은 잘못된 것입니다. 빵 생산을 위해 밀이 원재료로 사용되었고, 빵 생산액 안에 밀 생산액이 포함되어 있기 때문입니다. 따라서 단순히 두 가지의 생산액을 더하면 밀 생산액이 이중으로 계산됩니다.

이러한 이중 계산을 피하려면 어떻게 해야 할까요? 경제학에서는 **부가가치**라는 개념을 등장시킵니다. 10조 원이라는 빵의 생산액은 4조 원이라는 밀의 가치에 그 밀에서 빵을 제조한 수고비를 더한 것입니다. 그 수고비를 빵 생산을 위해 새롭게 부가된 가치라는 의미에서 부가가치라고 합니다.

따라서 빵 생산에서 발생한 부가가치는 10조 원에서 4조 원을 뺀 6조 원입니다. 반면 밀은 원재료 없이 생산된다고 가정하면 4조 원이라는 밀 생산액은 그대로 밀 생산에서 발생한 부가가치가 됩니다.

그래서 경제 전체에서 생산의 크기는 이러한 부가가치의 총합으로 나타내는 것으로 합니다. 그러면 위에서 말한 이중 계산 문제

는 피할 수 있습니다. 이 나라의 경우에는 한 나라 전체의 총생산액을 단순히 「생산」이라고 표기함에 따라,

생산 = 빵 생산으로 발생한 부가가치 + 밀 생산으로 발생한 부가가치 = 6조 원 + 4조 원 = 10조 원

이 됩니다.

† 삼면 등가가 성립되는 이유

다음은 이렇게 계산된 생산이 소득과 같다는 것을 설명해 보겠습니다. 빵 생산으로 발생한 부가가치 6조 원은 누구의 손에 들어갈까요? 공업 부문에서 빵 생산에 종사했던 사람들이 받습니다. 즉, 6조 원은 그들의 소득이 됩니다. 마찬가지로 밀 생산에서 발생한 부가가치 4조 원은 농업 부문에서 밀 생산에 종사한 사람들의 소득이 됩니다. 따라서 이 나라 사람들이 얻은 소득 총액은 부가가치의 합계, 즉 생산 크기 10조 원으로 반드시 같아집니다.

마지막으로 지출로 눈을 돌려봅시다. 이 나라에서는 사람들이 빵만 먹고 생활한다고 가정했습니다. 따라서 빵 생산에 종사하는 사람들이 얻은 소득 6조 원을 모두 빵 구입에 충당할 것입니다. 한편, 밀 제조에 종사하고 있는 사람들도 얻은 소득 4조 원으로 빵을 구입합니다. 따라서 이 나라의 지출 총액은 6조 원과 4조 원의 합계인 10조 원입니다. 이 10조 원은 이 나라에서 창출된 생산 총액과 일치합니다.

이렇게 해서 부가가치의 합계로 생산을 파악하는 한, 생산, 소득, 지출은 모두 같아지는 것을 확인할 수 있습니다. 즉, 삼면 등가의 법칙이 나타난 셈이죠. 물론 위에서 소개한 것은 매우 단순한 경제의 예이지만 실제 경제에서도 이 법칙은 반드시 성립됩니다.

*위의 예에서 사람들이 벌어들인 소득은 모두 빵 지출에 쓰고 있었습니다. 그러나 실제로는 소득 중 일부는 사용하지 않고 은행 등에 예치합니다. 그렇기 때문에 소득과 지출은 일치하지 않는 것처럼 보일 수도 있습니다. 그러나 은행은 사람들이 맡긴 돈을 기업에 빌려주고 있습니다. 그리고 기업은 그 돈을 자신의 사업에 필요한 재화나 서비스의 지출에 충당하고 있습니다. 따라서 기업의 지출도 포함하면 소득과 지출은 역시 일치하게 됩니다.

† 경제의 크기를 측정하려면 어떻게 해야 할까

생산, 소득, 지출이 모두 일치한다는 것을 알았다면, 이제는 경제의 크기를 측정하는 방법에 대해 생각해 봅시다.

경제의 크기는 **GDP(국내총생산** = Gross Domestic Product)로 측정할 수 있습니다. GDP란 일정한 기간(4분기나 1년간)에 그 나라에서 생산된 재화나 서비스의 총액을 의미합니다. 그리고 그 금액은 부가가치의 합계로 구해진다는 것은 이미 앞에서 설명했습니다. 그러나 부가가치의 합계로 GDP의 움직임을 설명하는 경우는 별로 없습니다. GDP는 국내 총 「생산」이라고는 하지만, 다양한 「지출」이 조합된 것으로 그 움직임이 설명되는 경우가 압도적으로 많습니다.

GDP는 4분기에 한 번, 정부가 공표합니다. 신문이나 TV에서도 그 결과가 크게 보도되지만, 통상 「○○산업이 생산을 늘렸지만, ××산업이 부진했으므로 GDP는 마이너스 성장이 되었다」라고 해설하지 않고, 오히려 「소비는 제자리걸음이지만, 설비투자가 감소한 영향으로 GDP는 마이너스 성장이 되었다」는 식으로 해설합니다.

이는 GDP를 그 본래의 의미대로 부가가치의 합계로 보지 않고 다양한 형태인 지출의 합계로 파악하고 있기 때문입니다. GDP의 움직임을 위에서 언급한 후자의 형태로 설명할 경우, 소비는 가계가 실행한 지출이며, 설비투자는 기업이 공장의 증·개축이나 기계 구입을 위해 실행한 지출을 의미합니다. 즉, 우리가 흔히 듣는 GDP를 둘러싼 논의는 사실 국내 지출 총액이라는 개념인 **GDE(국내총지출** = Gross Domestic Expenditure)인 것입니다.

GDE의 내용을 좀 더 자세히 소개하자면,

GDE = 민간 최종 소비지출 + 민간 주택 +
민간 기업 설비 + 민간 재고품 증가 +
정부 최종 소비지출 + 공적 고정 자본형성 +
공적 재고품 증가 + 재화·서비스의 수출 -
재화·서비스의 수입

으로 정의되어 있습니다. 각 항목에 대한 자세한 설명은 생략하고, 가계나 기업, 정부나 외국이 국내에서 생산된 재화나 서비스를 어떤 형태로 구입했는지에 주목해야 합니다. 예를 들면, 「소비」의 경우는, 위에 쓴 식 중에서 민간 최종 소비지출을, 「(설비) 투자」의 경우는, 민간 기업 설비를 가리킵니다. 같은 PC라도 가계가 구입하면 소비, 기업이 구입하면 투자로 분류되는 것입니다. 게다가 컴퓨터는 외국으로도 수출되는데, 그럴 경우에는 외국에 살고 있는 사람들이 구입한 것으로 통계상 처리됩니다.

† 삼면 등가의 법칙 ㅡ다시

여기서 삼면 등가의 법칙을 다시 한번 등장시키겠습니다. 생산, 소득, 지출은 반드시 일치한다는 것이 그런 의미였습니다. 따라서 생산을 나타내는 GDP와 지출을 나타내는 GDE도 반드시 일치합니다. 그러니까 GDP의 움직임을 소비나 투자 등 GDE를 구성하는 각 항목의 움직임으로 설명해도 그다지 틀린 것이 아닙니다.

하지만 곰곰이 생각해 보면 이건 좀 묘한 이야기입니다. GDP의 움직임을 설명하는데, 왜 사람들은 GDE의 구성 항목에 굳이 그렇게 주목하는 걸까요? 사실 그 이유는 그렇게 이론적인 것은 아닙니다. 지출 쪽 통계가 잘 정비되어 있기 때문이라는 지극히 현실적인 이유입니다. 예를 들면, 정부에서 소비의 경우에는 매월 가계의 소비 동향을 조사하고 있습니다. 민간 기업의 투자도 정기적으로 움직임을 파악하고 있습니다. 그 밖에도 많은 월간·4분기 통계로 다양한 지출의 움직임을 파악하고 있습니다.

정부의 담당자는 이러한 다양한 통계를 활용하여 GDE를 구성하는 각 항목을 추정하여 계산한 것들을 취합하여 GDE(= GDP)의 값을 산출하고 있는 것입니다. 생산(부가가치)보다 지출에 주목하여 경제의 크기를 측정하는 이 기법은 4분기마다 실시하며, 다른 선진 주요국도 이와 같다고 보시면 됩니다.

그런데 독자들 중 일부는 삼면 등가의 법칙에 대한 설명을 읽고도 하나도 이해가 안 된 상태에서 이 장까지 온 사람이 있을지도 모릅니다. 생산과 지출은 일치한다고 하지만 실제로는 생산된 재화 중 아무에게도 팔리지 않고 남아 있는 재고도 있을 것 아니냐는 생각이 들기 때문입니다(서비스의 경우는 생산과 지출[구입]이 일치하기 때문에 재고는 일어날 수 없습니다).

안심하세요. 이 문제는 잘 처리되고 있습니다. 앞에서 소개한 GDE의 구성 항목을 다시 살펴보도록 하겠습니다. 민간 재고품 증가, 공적 재고품 증가라는 두 가지 항목이 있습니다. 이 중에서 민간 재고품 증가가 재고를 나타낸 항목인 것입니다. 팔리지 않고 창고에 재고로 쌓인 재화도 기업이 구입했다고 일단 보고 GDE 안에 포함시키고 있는 것입니다(공적 재고품 증가는 석유의 국가 비축이나 식량 안정 공급 특별 회계에 의한 정부미의 재고 등의 변동을 나타낸 것으로, 경기의 움직임과는 별로 상관이 없습니다). 이처럼 재고도 지출의 한 항목으로 본다면 생산과 지출은 통계상으로 딱 맞게 일치하게 됩니다.

† GDP의 「G」가 뭐야?

마지막으로 GDP는 일반적으로 학교에서는 잘 가르치지 않지만, 알고 있으면 도움이 됩니다. 이미 앞에서 언급했듯이 GDP는 Gross Domestic Product의 약자로, 국내 총생산을 뜻한다고 했습니다. 그렇다면 이 중에서 G, 즉 Gross는 무슨 뜻일까요? 사전에는 「총체의」, 「모든」이라고 나와 있고, 실제로 GDP를 국내 「총」생산이라고 번역하고 있는데, 뭐가 문제지? 라는 생각이 드실 겁니다.

그런데 경제학에서 Gross는 특별한 의미가 있습니다. 이 장에서 말하는 내용의 문맥에서 보면, 「**고정 자본 유지보수비**를 빼기 전의」라는 의미입니다. 고정 자본 유지보수비란, 이미 있는 공장이나 건물 등 각종 설비의 유지 보수(maintenance)에 필요한 원가를 의미합니다. 생산된 재화 중 일부는 이미 있는 각종 설비의 보수나 부품의 교환에 이용되는 것이지 새로운 것을 창출한다는 뜻은 아닙니다.

고정 자본 유지보수비를 위해 이용된 이러한 재화를 생산활동의 일부로 더해 계산하는 것이 Gross, 빼는 것이 Net입니다. 실제로, 사회 전체의 생산 활동 중 고정 자본 유지보수비를 뺀 숫자는, 「국내 순생산」(NDP = Net Domestic Product)으로 공표되고 있습니다.

여러분들은 이런 세부적인 내용까지 알 필요가 있을까 라는 생각이 들지도 모르겠습니다. 그러나, 당해년도 GDP의 고정 자본 유지보수비는 그중에서 상당액을 차지하고 있습니다. 이는 과거보다 비중이 더 커지고 있습니다. 우리 경제는 유지하는 것만으로도 엄청난 수고가 들고, 생산된 재화의 상당 부분이 그것을 위해 소비되고 있습니다. 이렇게 팽창한 경제를 앞으로도 유지하는 것은 매우 힘든 일입니다. GDP 전체의 숫자를 보는 것만으로는, 문제를 파악할 수 없습니다.

2 경기의 움직임을 포착한다

† 경제의 움직임을 숫자로 나타내 본다 — GDP 성장률

통계상의 정의는 이쯤에서 끝내고, 경기의 좋고 나쁨을 어떻게 판단할 것인가 하는 좀 더 실질적인 이야기로 넘어가 봅시다.

GDP가 경제의 크기를 가장 포괄적으로 나타내는 지표라면 그 GDP의 변화를 보는 것이 경기 동향을 살펴보는 가장 기본적인 방법입니다. 예를 들어 2025년의 GDP가 500조 원이었는데, 1년 후인 2026년의 GDP가 510조 원이 되었다고 합시다. 1년간 GDP는 10조 원이 증가했으므로 GDP 성장률은 2%(= [10조 / 500조] ×100)가 됩니다.

하지만 여기서 주의해야 할 것이 하나 있습니다. GDP가 증가한 것은 사실 재화나 서비스의 가격이 상승했기 때문이지 수량적으로는 거의 늘지 않았기 때문일지도 모릅니다. 경기의 좋고 나쁨을 정확하게 판단하기 위해서는 물가의 변동을 제거해야 합니다.

GDP의 계산에서는 우선, 기준이 되는 해(GDP의 경우는 「기준연도」라고 합니다)로부터 물가가 몇 배가 되었는지를 **GDP 디플레이터**로 계산합니다. 구체적으로 말하면, 우선, 지금 조사하고 있는 해에 구입한 모든 재화나 서비스를, 그 전년도의 가격으로 구입하면 어떻게 되는지를 계산하여 그 값을 실제 지출액으로 나눕니다. 이 계산을 기준연도 다음 해부터 조사하는 연도까지 반복하여 거기서 얻은 값을 모두 합합니다. 그렇게 함으로써 당해년도의 물가가 기준연도의 몇 배가 되었는지를 알아볼 수 있는 것입니다. 이것이 당해년도 GDP 디플레이터입니다. 물가의 변동을 제거하기 전의 GDP를 명목 GDP라고 하는데 명목 GDP를 이 GDP 디플레이터로 나눈 것이 실질 GDP입니다.

이상의 점들을 간단한 예로 나타낸 것이 **표 1**입니다. 여기서는 GDP(GDE)가 연필과 지우개에 대한 지출로만 구성되어 있습니다. 기준연도인 2025년과 2026년, 2027년의 각각의 가격과 수량이 1단에 제시되어 있습니다. 명목 GDP는 연필과 지우개에 대한 지출액을 단순하게 합하면 되고(제2단), 그 성장률도 쉽게 구할 수 있습니다(제3단).

표 1 명목 GDP · 실질 GDP와 GDP 디플레이터

기준연도= 2025년

	단가		구입 수량	
	연필	지우개	연필	지우개
2025년	100원	500원	500자루	100개
2026년	110원	520원	510자루	100개
2027년	120원	510원	505자루	105개

□ 명목 GDP

2025년	100 × 500 + 500 × 100 = 100,000원
2026년	110 × 510 + 520 × 100 = 108,100원
2027년	120 × 505 + 510 × 105 = 114,150원

□ 명목 GDP 성장률

2025년 → 2026년	[(108,100 − 100,000) / 100,000] × 100 = 8.1%
2026년 → 2027년	(114,150 − 108,100) / 108,100 × 100 ≒ 5.6%

□ GDP 디플레이터

2025년	1
2026년	(110 × 510 + 520 × 100) / (100 × 510 + 500 × 100) = 1.07
2027년	(120 × 505 + 510 × 105) / (110 × 505 + 520 × 105) × 1.07 ≒ 1.11

□ GDP 디플레이터 상승률

2025년 → 2026년	(1.07 − 1) / 1 × 100 = 7.0%
2026년 → 2027년	(1.11 − 1.07) / 1.07 × 100 ≒ 3.7%

□ 실질 GDP

2025년	100,000 / 1 = 100,000원
2026년	108,100 / 1.07 ≒ 101,030원
2027년	114,150 / 1.11 ≒ 102,840원

□ 실질 GDP 성장률

2025년 → 2026년	(101,030 − 100,000) / 100,000 × 100 ≒ 1.0%
2026년 → 2027년	(102,840 − 101,030) / 101,030 × 100 ≒ 1.8%

(주) 1. GDP가 연필과 지우개의 지출만으로 구성되었다고 산정한 경우.
2. 이와 같이 GDP 디플레이터나 실질 GDP를 계산하는 방법을 「연쇄 방식」이라고 한다.

다음으로 제4단 GDP 디플레이터를 봐주세요. 2025년은 기준연도이므로 그 값은 1입니다. 2026년의 물가는 같은 연도의 수량을 기준으로 하면 2025년의 1.07배입니다. 이것이 당해년도의 디플레이터입니다. 2027년의 디플레이터는 2027년의 물가가 2026년의 몇 배가 되었는지를 계산하고, 그 값에 2026년의 디플레이터를 곱하면 약 1.11이 됩니다. 즉, 2027년의 물가는 2025년의 약 1.11배가 된 셈입니다. 매년 GDP 디플레이터 상승률도 계산할 수 있습니다(제5단).

그리고 명목 GDP를 GDP 디플레이터로 나누면 실질 GDP를 얻을 수 있고(제6단), 또 거기에서 GDP 성장률을 계산할 수 있습니다(제7단). 매년 명목 GDP 성장률이 실질 GDP 성장률과 GDP 디플레이터 상승률의 합과 거의 같다는 점에도 주의하시기 바랍니다.

† 「방향」과 「수준」

실제로 GDP는 4분기 별로 공표되기 때문에 GDP의 실질 성장률도 전기부터의 변화를 주목해야 합니다. 예를 들어, 4분기 GDP가 1분기 GDP에 비해 얼마나 증가했는가 하는 것이 문제가 됩니다.

또한 경기를 판단하기 위해서는 GDP의 움직임만 보는 것이 아닙니다. 다양한 경기 지표가 거의 매일 기관이나 업계 단체로부터 공표되고 있습니다. 이코노미스트들은 그러한 경기 지표의 움직임을 세세하게 분석하여, 현재의 경기 상태나 미래 예측을 실시하고 있는 것입니다.

여기서 경기의 좋고 나쁨을 어떻게 판단하느냐 하는 점에서 미묘한 문제가 드러납니다. 즉, 경기를 경제활동 변화의 「방향」으로 판단할 것인가, 아니면 경제활동의 「수준」으로 판단할 것인가 하는 문제입니다. 여기서 경제활동의 수준이란 실업자 수나 비율, 공장이 가동되고 있는 정도 등을 의미합니다. 예를 들면, 「경기는 좋아지고 있지만, 아직 실업자가 많아 좋다고 할 수 없다」라든가, 반대로 「경기가 한풀 꺾이고 있지만, 공장은 완전가동에 가까워 걱정할 필요는 없다」라는 식으로 자주 말을 합니다.

방향과 수준 중 어느 쪽이 옳은가 하는 문제에 쉽게 대답할 수 없습니다. 경기 판단의 기준이 다르기 때문입니다. 그러나 수준에만 주목하고 있으면 어느새 경기가 점점 변하여 발을 동동 구를 위험에 빠질 수 있습니다. 특히 경기가 앞으로 어떻게 변화해 나갈 것인가 하는 점이 궁금하다면, 경기 지표가 나타내는 변화의 방향을 세심하게 살펴봐야 할 것입니다.

† 경기는 순환한다

지금까지 경기의 좋고 나쁨을 구분하는 방법을 간단히 소개했는데, 다음으로는 경기 순환에 관해 이야기해 봅시다. 경기는 언제까지 좋다, 반대로 언제까지 나쁘다고 말할 수 없습니다. 경기에는 좋은 국면과 나쁜 국면이 번갈아 찾아오는 특징이 있습니다. 이것을 **경기순환**이라고 합니다. 그리고 경기가 확대 국면에서 후퇴 국면으로 전환되는 시점을 「정점」 후퇴 국면에서 확대 국면으로 전환되는 시점을 「저점」이라고 합니다(**그림 8** 참조). 어느 시점이 정점 또는 저점인지의 판단은 정부가 전문가들의 의견과 다양한 지표의 움직임을 보고 공식적으로 발표합니다. 이것을 **경기 기준 일부**라고 합니다.

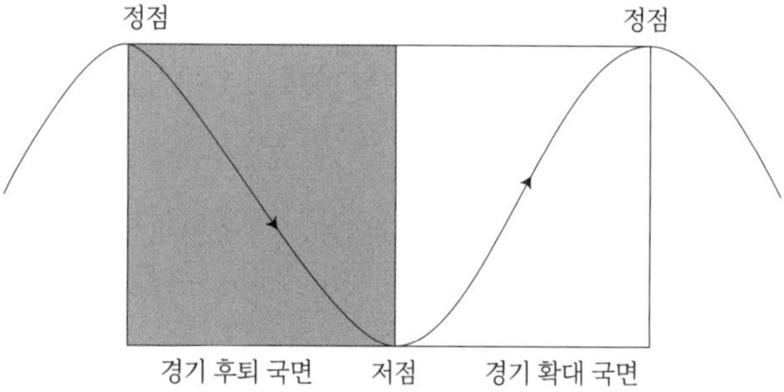

그림 8 경기 순환의 이미지

경기 순환이 왜 일어나는가에 대해서는, 옛날부터 많은 가설이 있습니다. 경기 순환에는 주기가 짧은 것부터 긴 것까지 여러 가지가 있습니다. 키친 순환(Kitchin cycles), 주글라 순환(Juglar cycles), 쿠즈네츠 순환(Kuznets cycles), 콘드라티예프 순환(Kondratiev cycle) 등 각각 이름이 붙어 있습니다.

과거에는 경제지표의 움직임에서 이러한 경기 순환을 추출하는 작업이 활발하게 이루어졌습니다. 그러나 최근에는 경기 순환의 메커니즘에 대한 다양한 이론이 검토되면서 단순한 사이클 탐색이나 현실에 적용하는 작업은 일부 사람들을 제외하면 경제학자들의 손을 떠나고 있습니다. 그렇다고 해도 경기가 순환적인 움직임을 보이는 것은 부정할 수 없습니다. 현장의 이코노미스트나 정부 · 은행의 담당자가 경기 동향을 판단하는 데 있어서, 경기 순환의 존재나 경험치는 어느 정도는 참고가 되고 있습니다.

그렇다면 왜 경기는 순환적인 움직임을 보일까요? 여기는 몇 가지 가설이 있지만, 가장 기본적인 원인은 수요와 공급의 균형이 무너지는 것입니다. 지금 어떤 이유로 경제 전반적으로 재화나 서비스의 판매가 좋아졌다고 하면, 기업은 생산량을 늘리고 종업원에게 잔업을 시키거나 혹은 신규 채용을 하여 수요를 따라잡으려고 합니다. 생산량이 높아지면 기업 간 거래도 늘고 종업원의 월급도 오르고 매출이 더 늘어나 당분간은 양호한 상태가 지속됩니다.

그러나 수요는 영구적으로 늘어나지 않습니다. TV 등의 가전제품은 일단 한번 구입하면 새것을 사지 않고 한동안 그것을 사용할 것입니다. 기업도 생산을 늘리기 위해 설비를 증설하지만 일단 한 번 기계를 구입하면 당분간은 그것을 사용하게 되겠죠. 따라서 수요는 어느 지점에서 포화상태가 됩니다.

3 물가와 경제의 관계를 알아본다

† 물가를 측정하는 방법

지금까지 경제 전체의 움직임을 어떻게 파악할 것인가에 대한 문제를 생각해 봤습니다. 물가에 대해서는 GDP 디플레이터 이야기를 제외하면 거의 언급하지 않았습니다. 이미 우리는 각각의 재화나 서비스 시장에서 가격이 수요와 공급을 균형 있게 맞추어 나간다는 것을 이해했습니다. 개별 재화나 서비스의 가격이 아니라 경제 전체의 재화나 서비스의 움직임을 **물가**라고 합니다. 이 물가는 경기와 어떤 관계가 있을까요?

먼저 경제 전체의 물가를 측정하는 방법에 대한 설명을 먼저 하겠습니다. 개별 재화나 서비스의 가격이 변하는 것은 쉽게 알 수 있습니다. 109쪽 **표 1**의 숫자를 다시 한번 인용한 계산을 **표 2**로 정리했습니다. 연필의 가격을 보면 2025년에 한 자루당 100원이던 것이 2026년에 110원, 2027년에 120원으로 되어 있습니다. 따라서 2026년부터 2027년에 걸친 1년간의 연필 가격은 9.1% 정도 상승한 반면, 지우개는 같은 시기에 520원에서 510원으로 1.9% 정도 가격이 내렸습니다. 이 경제는 연필과 지우개로만 구성되어 있는데, 경제 전체의 물가 움직임은 어떻게 정리하면 좋을까요?

표 2 물가지수 (라스파이리스 물가지수) 구하는 법

기준연도 = 2025년

	단가		구입 수량	
	연필	지우개	연필	지우개
2025년	100원	500원	500자루	100개
2026년	110원	520원	510자루	100개
2027년	120원	510원	505자루	105개

2025년에 연필과 지우개의 지출 비중 = 1:1

☐ 물가지수

2025년	(100 / 100) × 1 / 2 +(500 / 500) × 1 / 2 = 1.00
2026년	(110 / 100) × 1 / 2 +(520 / 500) × 1 / 2 = 1.07
2027년	(120 / 100) × 1 / 2 +(510 / 500) × 1 / 2 = 1.11

☐ 물가 상승률

2025년 → 2026년	(1.07 – 1) / 1 × 100 = 7.0%
2026년 → 2027년	(1.11 – 1.07) / 1.07 × 100 ≒ 3.7%

한 가지 방법은 당해년도 재화나 서비스의 지출 비중을 기반으로 각각의 재화 가격의 변화를 가중 평균하여 물가지수를 만드는 것입니다. 이것을 **파쉐 물가지수**(Paasche Index)라고 합니다. 이 지수의 변화를 보고 경제 전체의 물가 동향을 파악하는 것입니다.

또 다른 방법은 기준연도의 재화나 서비스의 지출 비중을 기반으로 각 재화의 가격 변화를 가중 평균한 물가지수를 만드는 것입니다. 이와 같은 방법으로 파악하는 물가지수를 **라스파이리스 물가지수**(Laspeyres Index)라고 합니다. 물가지수로는 파쉐 물가지수보다 이 라스파이리스 물가지수가 더 일반적입니다.

그럼, **표 2**를 보면서 물가지수를 실제로 계산해 볼까요? 먼저 연필과 지우개의 예로 보면, 기준연도인 2025년에 각각의 지출액은 우연히 각각 50,000원씩이기 때문에 비중은 1대 1입니다. 따라서 2025년을 기준으로 하면 2025년 물가지수는 딱 1이지만 2026년에 대비하여 계산하면 1.07이 됩니다. 즉, 2026년의 물가는 2025년의 1.07배가 되었다, 다시 말해 2025년부터 2026년까지의 물가상승률은 7%였다는 것입니다. 마찬가지로 2027년의 물가지수는 1.11로 계산할 수 있습니다. 따라서 2026년부터 2027년까지의 물가상승률은 최근 1년간 물가지수 변화에 따라 약 3.7%임을 알 수 있습니다.

뉴스 등에 자주 보도되는 것은 이런 방법으로 작성된 **소비자 물가 지수**(CPI)나 **기업 물가 지수**(CGPI)의 움직임입니다. 소비자물가지수란 우리 소비자가 소매점에서 구입한 재화나 서비스의 가격을 지수화한 것입니다. 또한 기업 물가 지수는 기업 간에 거래되는 재화의 가격을 지수화한 것입니다. 소비자 물가 지수는 정부 기관에서, 기업 물가 지수는 중앙은행에서 공표하고 있습니다.

그런데 이러한 물가 지수의 산출 방법에는 좀 문제가 있습니다. 왜냐하면 지수를 계산할 때 재화나 서비스의 지출 비중을 기준연도로 고정하고 있기 때문입니다. 이는 어쩔 수 없는 처리방식이기는 하지만 매년 지출 패턴의 변화가 물가지수에는 반영되지 않기 때문에 물가의 움직임을 일상에서 실감하기는 좀 어렵습니다. 또한 기준연도는 2020년이나 2025년과 같이 5년에 한 번씩 바뀝니다.

† 물가와 경기의 관계

개별 재화나 서비스의 경우, 공급에 비해 수요가 더 많으면 물가가 상승하고 반대면 하락한다는 것은 이미 앞에서 설명했습니다. 그렇다면 경제 전체의 물가는 어떻게 변할까요?

기본적으로는 개별 재화나 서비스의 경우와 같습니다. 경기가 좋아지면 물가는 상승하고, 나빠지면 하락합니다. 여기서도 경기가 좋아진다 / 나빠진다는 의미를 제대로 이해하고 있어야 합니다. 경기가 호전되는 방향으로 가고 있더라도 경제의 활동 수준이 어느 정도 높아지지 않으면 물가는 눈에 띄게 상승하지 않습니다. 경제의 활동 수준이 낮으면 실업률이 높고 공장의 가동률도 낮아지면서 경제 전체가 수요 부족이 되기 때문입니다. 반대로 경기가 정점을 넘어 후퇴 국면으로 접어들어도 경제 전체가 잘 돌아간다면 물가는 계속 상승하게 됩니다.

다만, 물가 수준 그 자체가 장기간 계속 하락하지는 않습니다. 물가는 장기적으로 상승하는 경향이 있습니다. 그리고 경기가 좋아져서 수요가 공급보다 많이 증가하면 물가상승률이 높아지고, 반대로 경기침체로 인해 수요가 감소하면, 공급이 수요를 초과하여 물가상승률이 낮아지는 패턴을 보입니다.

인플레이션은 물가 수준이 상승하는 것을 의미합니다. 「**인플레이션**(inflation)」이란 「팽창한다」라는 뜻입니다. 그 반대가 수축을 뜻하는 **디플레이션**(deflation)입니다. 디플레이션은 물가 수준이 하락하는 것, 즉 물가 상승률이 마이너스가 되는 것을 말하는데, 디플레이션은 경제의 활동 수준이 정상적인 수준에 비해 상당히 낮은 상황에서 일어나기 때문에 심각한 불황을 디플레이션이라고 부르는 경우가 많습니다.

† 인플레이션과 우리의 생활

마지막으로 물가가 상승하는 것 즉, 인플레이션이 우리 생활에 바람직한지 아닌지에 대해 생각해 봅시다. 소비자는 물건의 가격이 오르는 것을 싫어합니다. 월급이 좀 오른다고 해도 물건값이 비싸지면 살림살이는 그만큼 힘들어지기 때문입니다. 그러한 생활 형편의 변화를 어떻게 숫자로 나타낼 수 있을까요? 임금 상승률이 5%인데 물가상승률이 3%라면 2%밖에 살림살이가 나아지지 않았다고 보는 것입니다. 물가상승률이 5%를 넘으면 월급이 올라도 메리트를 느끼지 못합니다. 그렇기 때문에 임금 상승률에서 물가상승률을 뺀 값을 **실질임금 상승률**로 보고 그 수치에 관심을 두는 경우가 종종 있습니다.

또한 인플레이션의 영향은 돈을 빌리는 사람과 빌려주는 사람 간에도 달라집니다. 10만 원을 빌려도 물가가 상승하면 10만 원의 가치는 떨어지므로 돈을 빌리는 사람은 그만큼 이득을 봅니다(돈을 빌려주는 사람은 반대로 손해를 봅니다). 제5장에서 설명하겠지만, 돈을 빌리기 위해서는 이자를 내야 하는데 인플레이션이 일어나면 그 이자에 대한 부담이 줄어듭니다. 그래서 이자율에서 인플레이션율을 뺀 값을 **실질 이자율**(실질금리)이라고 합니다. 실질임금 상승률은 소비자에게 중요하지만, 실질 이자율은 돈을 빌려 사업을 하는 기업에는 중요합니다.

4 경제성장의 메커니즘을 생각한다

† 경기순환을 겪은 후에 남는 것

① 경기는 좋을 때도 있고 나쁠 때도 있다 ② 경기 순환은 수요와 공급의 상대 관계를 반영하여 일어난다 ③ 물가도 그에 따라 변한다 그리고 ④ 단기적으로는 수요의 크기가 경제 전체의 움직임을 좌우한다 — 이상이 지금까지의 설명이었습니다. 그러나 시간이 지나면 수요와 공급은 물가 조정에 따라 일치하게 될 것입니다. 그럼, 경기가 좋고 나쁠 때를 겪고 나서도 경제 전체가 커지고 있다면, 그 메커니즘은 도대체 무엇일까요?

여기서 이야기를 경기 순환에서 **경제 성장**으로 넘어가 봅시다. 「경제 전체의 움직임을 잡는다」는 이 장의 마지막 주제로 경제 성장에 대해 살펴보도록 하겠습니다.

경제 성장이란, 경기 순환을 겪고 나서도 존재하는 경제의 트렌드(경향)를 말합니다. 전쟁후 일본 경제에는「고도 경제 성장기」라고 불리는 시기가 있었습니다. 1970년대 전반까지의 20여 년간 일본의 실질 GDP는 연평균 9%가 넘는 경이적인 속도로 확대되었습니다. 그 후, 일본 경제의 성장률은 하향하기 시작하여 경제 성장은 3분의 1 정도까지 떨어졌습니다. 이른바 버블 경제가 터진 후, 더욱 경제성장의 속도는 느려지고, 일본경제의 행방이 걱정되기 시작했습니다.

단기적인 경제의 움직임이라면 소비와 투자 등 수요 측면이 논의의 중심이 되고, 장기적인 경제의 성장에 대해서라면 그 경제를 지탱해 온 공급 측면의 요인이 논의의 중심이 됩니다. 수요가 공급을 밑돌더라도 장기적으로는 물가와 임금이 낮아져 수요는 머지않아 공급에 일치하게 됩니다. 그러한 장기적인 상황만을 논의하는 것이 경제 성장의 이야기입니다.

경제 성장의 요인으로는 일반적으로 다음 세 가지를 들 수 있습니다. 첫째는 재화나 서비스를 창출하는 노동력입니다. 둘째는 생산을 위한 기계나 공장 등의 자본스톡(capital stock)입니다. 그리고 셋째는 기술진보입니다. 이것들은 모두 경제의 공급 능력을 결정하는 요인들입니다.

과거의 고도 경제 성장 시대에는 이 세 가지의 공이 컸습니다. 특히, 선진국들로부터의 적극적인 기술 이전에 의해 기술진보가 급속히 진행되었고, 그것을 실제로 생산에 살리기 위한 설비 투자가 적극적으로 이루어졌기 때문에, 자본스톡이 급속도로 축적되었습니다. 노동력도 순조롭게 확보되어 성장을 지탱했습니다. 그럼, 앞으로는 어떻게 될까요?

경제 성장의 예측은 경기 예측과는 다소 접근 방식이 다릅니다. 단기적인 예측의 경우에는 소비가 어떻게 된다든지, 투자가 어떻게 된다든지 하는 수요 측면의 예측을 취합하여 경제 전체의 동향을 살피는 접근법을 취할 수 있습니다. 그에 비해 경제 성장 예측의 경우는 공급 요인의 장래 전망이 포인트가 됩니다.

† 앞으로의 국가 경제는 밝을까

그럼 독자 여러분이 맡을 장래의 국가 경제는 밝을까요 아니면 어두울까요. 노동력, 자본스톡, 기술진보라는 세 가지 공급 요인에 대해 각각 간단히 전망해 봅시다.

첫째, 노동력은 앞으로 별로 기대할 수 없습니다. 저출산이 진행되고 있기 때문입니다. 15세부터 64세까지의 인구를 **생산연령인구**라고 합니다. 이 생산연령인구는 과거에는 매년 늘었으나 어느 순간부터 매년 일정 비율로 감소하고 있습니다. 고령자들이 지금까지보다 더 일을 하지 않게 된다면 저출산의 압력에 눌려버릴 것 같습니다.

둘째, 자본스톡은 어떨까요? 자본금이 축적되는 속도는 사람들이 얻은 소득 중 저축으로 돌리는 정도, 즉 저축률의 움직임에 좌우됩니다. 저축한 만큼은 은행 등을 통해 기업에 대출이 되어 투자의 원천이 되기 때문입니다. 고도 경제 성장의 시대에는 저축률이 점점 상승했지만, 앞으로는 오히려 저하될 가능성이 있습니다. 왜냐하면 고령화가 진행되기 때문입니다. 우리는 젊었을 때 저축하고, 나이가 들면 저축을 깨서 사용하게 됩니다. 이런 경향이 일반적이라면 저축을 깨서 쓰는 고령층의 비율이 높아져 경제 전체의 저축률은 저하됩니다.

세 가지 요인 중 두 가지는 아무래도 기대할 수 없고, 셋째 기술진보가 중요합니다. 그런데 유감스럽게도 경제학에는 기술진보에 대해서는 확실하게 예측할 능력이 없습니다. 미래에 어떤 기술이 꽃피어 경제를 견인해 나갈지, 그것을 알면 경제성장의 예측은 매우 간단해지는데, 불확실한 부분이 너무 많습니다.

「경제학이 뭐 대수냐」는 독자들의 목소리가 또 들릴 것 같습니다. 이코노미스트들도 6개월 정도 이후의 경기 동향조차 맞출 수가 없는데, 수십 년 이후까지 경제 성장을 예측하는 것은 그들의 능력을 크게 넘어서는 일입니다.

단, 기술진보에 대해서는 경제학 특유의 접근이 가능한 부분이 있습니다. 왜냐하면, 기술의 개념을 조금 넓게 생각해 보는 것입니다. 우리가 기술이라고 하면 「이 기계를 사용하면 1시간에 ○개의 제품을 제조할 수 있다」라는 식으로 말합니다. 그러나 경제성장에의 영향이라는 관점에서 보면, 얼마나 생산성이 향상되는가 라는 관점이 문제이기 때문에 기계의 성능이 반드시 향상되지는 않더라도 경제 전체의 효율성이 높아지면 되는 것입니다.

경제의 효율성을 높이기 위해서는 경제 활동을 제약하고 있는 규제를 완화하는 시장 메커니즘의 움직임을 높이는 경제학적 발상으로도 할 수 있는 일은 많습니다.

물론, 선진국으로부터 기술을 도입하여 경제성장을 높이려는 접근은 고도 경제성장기에는 불가능합니다. 또한, 최근에는 대학의 영향력 저하나 학술 논문 수가 감소하는 형태로, 국가의 연구 성과나 연구 능력이 떨어지고 있습니다. 따라서, 연구개발에 의해 발생하는 기술 혁신의 내용이나 속도에도 기대할 수 없게 되었습니다. 따라서 경제 성장 제3의 요인인 기술진보에 대해서도 전망은 밝지 않습니다.

이와 같이 경제성장을 뒷받침하는 세 가지 요인, 즉 노동력, 자본스톡, 기술진보는 모두 상황이 어렵다는 것입니다. 그러니 앞으로 경제성장률은 낮은 수준에 그치리라는 것이 일반적인 견해입니다.

† 저성장에도 지속 가능한 경제로

하지만 경제성장률이 올라간다 / 내려간다는 것만으로 논의를 끝내는 것은 좀 아쉽다는 생각이 듭니다. 사람들에게 경제적인 행복은 경제 성장률로만 결정되지는 않기 때문입니다.

경제학의 입장에서 첫 번째로 말하고 싶은 것은 우리의 경제생활은 국가 전체의 GDP보다 1인당 GDP가 더 중요하다는 것입니다.

저출산 · 고령화가 진행되면 경제성장률이 떨어지는 것은 어쩔 수가 없습니다. 그러나 1인당 GDP가 잘 유지되면, 마이너스 성장이라도 별문제는 없습니다(다만, 필자는 심각한 환경 문제를 생각하면, 1인당 GDP도 낮아져도 괜찮다는 생각을 하고 있습니다).

두 번째로는, 경제성장률이 떨어져도 경제 전체가 잘 돌아간다면 별문제가 없습니다. 그런데 현행 경제 제도는 경제성장률이 어느 정도 높아지고 있는 것 — 그 배후에는 인구가 순조롭게 증가하고 있는 것 — 을 상정하여 완성되고 있습니다. 제6장에서는 사회보장의 문제를 다룰 텐데, 현행 사회보장의 구조는 높은 경제성장률과 인구의 순조로운 증가를 전제로 성립되고 있습니다. 그래서 경제성장률의 저하가 좋지 않은 것이라고 받아들여지는 것입니다. 그러나 경제 성장률이 낮아져도 유지할 수 있는 구조로 되어 있으면, 이 또한 상관없을 것입니다. 이를 위한 제도 개혁을 생각해 보는 것도 경제학의 중요한 과제입니다.

현재, 경제 정책을 담당하는 대부분의 정치인은 젊었을 때 고도의 경제 성장을 경험한 사람들입니다. 그래서 머릿속 어딘가에 「경제는 성장하기 마련이다」「성장만 하면 여러 가지 문제가 해결된다」「그래서 정부는 성장을 먼저 해야 한다」고 생각하는 경향이 있습니다. 그러나 이 책을 읽는 대부분의 독자는 태어난 순간부터 지금까지 경제가 점점 좋아지는 경험을 하지 못했고, 경제성장에도 큰 기대를 하지 않고 있을지도 모릅니다. 그러니 경제나 경제 정책에 대한 시각도 달라질 것입니다.

제5장

돈이 도는 방법을 찾는다

지금까지의 이야기 속에는 돈이 등장하지 않았습니다. 물론 티셔츠 가격이 한 장에 얼마라든가 GDP가 얼마라는 이야기는 나왔지만, 그것은 돈 그 자체에 대한 이야기가 아닙니다. 이 장에서는 이 돈을 주인공으로 삼겠습니다. 우리는 왜 돈을 가지려고 하는가, 돈은 세상에 어떻게 돌고 있는가, 돈의 양은 어떻게 결정되는가와 같은 돈에 얽힌 이야기를 다루어 보도록 하겠습니다.

이 장의 최종 목적은 금융 정책의 기본 방향을 생각하는 것입니다. 예를 들어, 경기가 나쁜 이유를 생각해 보면, 우리 수중에 돈이 없기 때문입니다. 그럼, 그 나라의 중앙은행이 돈을 많이 찍어 시중에 뿌리면 경기가 좋아지지 않을까요? 사실 경제학을 전혀 모르는 사람들이 생각하는 이런 정책과 본질적으로는 거의 다르지 않다고 주장하는 경제학자도 있습니다. 반면에 「그런 건 효과가 없다」고 비판하는 사람들도 있습니다.

어느 쪽 의견이 맞는지, 이 짧은 장에서 결론을 내기는 어렵고, 정확한 평가를 내리기 위해서는 전문가의 추가 분석이 필요할 것 같습니다. 그러나 금융정책이란 어떤 것이고, 금융정책을 둘러싼 어떤 논의가 진행 중인지 그것을 이해하는 것만으로도 본 장의 목적은 달성된 것입니다.

1 돈의 역할을 생각한다

† 왜 사람들은 돈을 가지려고 하는가

돈은 왜 필요한지 우선「원론적」인 이야기부터 시작해 보죠.

돈의 역할이 무엇이냐고 물었을 때 우리 머릿속에 떠오르는 대답은「그것으로 내가 좋아하는 재화나 서비스를 살 수 있다」는 것입니다. 세상에 돈이 없으면 우리는 물물교환에 의존해야 합니다. 그런데 물물교환은 의외로 어렵습니다. 예를 들어, 어떤 사람이 자신이 가지고 있는 카메라를 시계와 교환하고 싶다고 합시다. 그런데 교환 상대를 금방 찾을 수 있을까요?

세상에는 시계를 팔고 싶은 사람은 많겠지만 카메라와 교환하고 싶은 사람을 찾기는 어려울 것입니다. 마침, 그런 사람을 우연히 발견했다고 해도「난 내 시계와 너의 카메라를 교환하고 싶지만, 이것은 내가 원하는 제품이 아니야」라고 하는 경우에는 또다시 다른 사람을 찾아야 합니다. 물물교환은 교환 당사자 간의 의도가 일치해야 하는 어려운 상황에서만 이루어질 수 있습니다. 이렇게 되면 경제 거래는 잘 돌아가지 않게 됩니다.

그런데 아무거나 다 교환할 수 있는 돈이라는 수단이 있으면 어떻게 될까요? 앞에서 든 사례와 같이 시계를 사고 싶은 사람은 먼저 카메라를 팔아서 돈을 가지고(카메라를 사고 싶은 사람은 많이 있겠죠). 시계를 팔고 싶은 사람을 찾으면 됩니다. 시계를 파는 사람 입장에서도 카메라와 교환하는 것보다는 시계를 팔아서 얻은 돈으로 자신이 좋아하는 물건을 자유롭게 살 수 있는 것이 좋을 것입니다.

이처럼 돈은 효율적이고 원활하게 물건을 교환할 수 있게 하는 역할을 합니다. 따라서 교환 수단으로서의 돈에 대한 수요는 경기가 좋아지고 거래가 활발해질수록 높아지게 됩니다.

또한 돈이 교환의 수단이 되면, 돈에 따라 각각의 재화나 서비스의 가치를 표현하는 것도 가능해집니다. 예를 들어 물물교환 때는 지우개 1개로 연필 3자루를 교환할 수 있었다고 합시다. 즉, 지우개 1개는 연필 3자루의 가치가 있다는 것입니다. 여기서 예를 들어 연필 1자루에 100원이라는 가격을 매겼다고 합시다. 이때 지우개 1개에는 연필 3자루의 가격 즉, 300원이라는 가격이 붙게 됩니다. 연필 1자루에 1,000원이라는 가격이 붙어 있으면 지우개는 1개에 3,000원에 거래됩니다. 통화의 단위가 원화가 아니라 달러나 유로여도 돈이 재화나 서비스의 가치를 표현한다는 점에서는 같습니다.

† 부를 저장하기 위한 수단

그러나 돈은 교환의 수단으로만 사용되지는 않습니다. 「부를 저장한다」는 또 하나의 중요한 역할이 있습니다.

수중에 들어 온 돈을 다 쓰지 않고 일부 남기면 어떻게 될까요? 나중에 그 돈을 쓸 수 있습니다. 돈 그 자체는 물리적으로는 휴지 조

각에 불과하지만, 나중에 쓸 수 있으니까 그 자체로 가치가 있습니다. 돈이 있기 때문에 쇼핑을 나중으로 미루는 것도 가능해지는 것입니다. 물론 부를 저장하는 방법은 돈 말고도 많습니다. 어떤 회사의 주식이나 채권 등의 금융자산, 토지나 아파트 등의 부동산으로도 부를 저장할 수 있습니다. 그럼, 왜 굳이 사람들은 돈으로 부를 저장하려고 할까요?

돈의 장점은, 가지고만 있어서는 아무런 수익이 나지는 않지만 「불확실성이 없다」는 점에서 찾을 수 있습니다. 예를 들어, 주식을 보유하고 있으면 그 회사가 도산하면 휴지 조각이 될 위험이 있지만, 돈은 그럴 위험이 없습니다. 물론 주식이 100% 확실히 오를 거라는 보장만 있으면 돈을 모두 주식으로 바꾸는 것이 현명한 방법이겠지만 그런 상황은 오지 않을 것입니다.

게다가 돈은 「바로 쓸 수 있다」는 편리함 – 이것을 **유동성**이라고 합니다 – 이 있습니다. 재화나 서비스를 쉽게 돈으로 바꿀 수 있습니다. 다른 자산은 돈으로 바꾸지 않으면 쓰기 어렵고, 돈에 비해 유동성도 떨어집니다.

우리가 불확실성을 좀 더 줄이고 유동성을 확보해 두려면 돈이 가진 부의 저장 수단으로서의 역할이 기대되는데, 그러려면 다음 두 가지 사항에 주의할 필요가 있습니다. 첫 번째로, 돈은 확실히 불확실성이 없다고 단언할 수 없습니다. 인플레이션의 영향을 생각해야 하기 때문입니다. 예를 들면, 1년 후에 재화나 서비스의 가격이 평균 10% 상승하면, 돈의 가치는 약 9.1% 낮아집니다([1 / 1.1

×100% - 단순히 10% 낮아졌다고 하지만 큰 차이는 없습니다). 그러나 1년 뒤 물가가 어떻게 변할지 아무도 정확한 예측을 할 수 없습니다. 따라서 돈의 가치가 어떻게 변할지 모르는 것입니다. 다만 돈 이외의 금융자산도 인플레이션의 영향을 받는 건 마찬가지입니다.

† 어디까지가 돈인가 — 돈의 정의

두 번째로, 돈에는 유동성이 있다고 하는데, 그때의 「돈」은 도대체 무엇을 의미하는지 알 수 없는 부분이 있습니다. 예를 들어 은행에 넣어 둔 예금은 좀 번거롭기는 하지만 ATM(현금자동인출기)에서 언제든지 현금으로 인출할 수 있습니다. 현금이 아니더라도 신용카드나 전자화폐로, 혹은 무현금 결제로 쇼핑을 할 수 있습니다. 그렇게 되면 어디까지 돈이라고 정의할 것이냐는 문제가 나옵니다.

정부는 유동성과 금융기관의 차이를 고려하여 돈의 정의를 다루고 있습니다. 시중에서 돌고 있는 돈의 공급량을 **통화재고**(Money Stock)이라고 하는데, 이 통화재고의 정의를 유동성에 주목하여 넓혀 가고 있는 것입니다.

좀 더 좁은 의미에서의 돈은 현금입니다. 이 현금으로 바로 바꿀 수 있는 은행의 보통예금이나 당좌예금(수표를 끊기 위해 은행에 무이자로 넣어두는 예금)을 추가한 것을 **M1**이라고 합니다. 이 M1에 정기 예금이나 CD(양도성 예금) 등을 추가한 것이 **M2**나 **M3**입니다.

정기예금은 만기까지 맡겨둘 필요가 있기 때문에 보통예금 등에 비해 유동성이 떨어집니다. 또한 CD는 은행에 맡기는 큰 손들의 예금으로 타인에게 양도할 수 있는 예금을 말합니다. M2와 M3의 차이는 예금을 취급하는 금융기관의 차이입니다. 이러한 지표 중 중앙은행이 금융정책을 실시하는 데 있어서 가장 중시하고 있는 것은 M2인데, 시장 관계자들은 M3도 마찬가지로 중시하고 있습니다. 게다가 이 M3에 기타 금융자산을 포함한, 더 넓은 범위의 통화재고를 **광의의 유동성**이라고 부릅니다.

또한, 신용카드나 전자 화폐, 무현금 결제는 기본적으로 현금이나 예금이 그 베이스에 있기 때문에, 통화재고의 양에 직접적인 영향을 주지는 않습니다. 그러나 사람들의 행동 변화를 통해 통화재고에 간접적인 영향을 미칠 가능성은 있습니다.

† 이자란 무엇인가

여기서, **이자**에 대해서도 알아둡시다. 우리가 은행에 돈을 맡기면 이자가 붙습니다. 반대로 돈을 빌리면 원금과 같이 이자를 내야 합니다. 그리고 원금에 대한 이자의 비율(%)을 **이자율** 또는 **금리**라고 합니다. 경제학 교과서에는 이자율이라는 말이 더 자주 쓰이지만, 일상생활에서는 금리가 더 자주 사용될 것입니다.

이 이자는 도대체 무엇일까요? 돈을 빌려 쓰는 입장에서 보면 이자는 돈을 빌리는 임차료입니다. 돈을 빌려주는 입장에서는 그 돈을 빌려준 것에 대한 보수입니다.

예를 들어, 100만 원을 다른 사람에게 빌려준 사람은 빌린 사람으로부터 차용증을 받지만, 당분간 100만 원이라는 돈을 쓸 수 없게 됩니다. 즉, 유동성을 잃은 것입니다. 한편, 돈을 빌린 사람은 수중에 들어온 100만 원을 바로 사용할 수 있게 됩니다. 즉, 유동성을 손에 넣은 것입니다.

이렇게 생각하면 이자는 유동성을 잃는 것의 대가, 반대로 말하면 유동성을 손에 넣기 위한 비용이라고 볼 수 있습니다. 은행 예금 중에서 언제든지 돈을 찾아 쓸 수 있는 보통 예금 등은 유동성이 높기 때문에 거기에 붙는 금리는 낮아집니다. 반면 반년, 1년 이상 예치하는 정기 예금은 유동성이 낮아지니까 금리가 높아집니다.

유동성의 대가로 이자가 붙는 건데 왜 돈을 빌리는 사람은 이자를 빌려주는 사람에게 지불하는 걸까요? 그것은 돈을 빌린 사람이 그 돈을 활용하여 예를 들어 새로운 기계를 구입해 제품을 생산·판매하여 이익을 얻을 수 있기 때문입니다. 또한 오랫동안 돈을 빌리면 그만큼 돈을 벌 수 있는 기회도 늘어나기 때문에 갚을 때까지의 시간이 긴 돈일수록 높은 금리가 붙습니다. 반대로, 돈을 빌려준 사람은 수중에 돈을 가지고 있으면 얻었을 수익의 기회를 놓치기 때문에 그 대가로 이자의 지급을 요구하게 됩니다.

그렇다면 금리는 어떤 때에 높아질까요? 유동성이 높은 돈을 가지고 있는 것이 여러모로 편리하고, 이익도 증가하는 경우일 것입니다. 세상 사람들이 모두 그런 상황에 직면해 있으면 돈을 끌어 모으게 되고, 좀처럼 사람들은 돈을 빌려주려 하지 않을 것입니다. 이 상황에서도 어떻게든 돈을 빌리고 싶은 사람들이 많아지면, 금리를 올려도 빌리는 것이 이득이라는 분위기가 만들어집니다. 반대로 돈을 가지고 있는 것보다 다른 사람에게 빌려주고 싶어 하는 사람이 많아지면, 돈을 빌리는 입장이 강해져 적은 이자를 내고 빌리려는 분위기가 형성됩니다.

즉, 돈에 대한 수요가 강해지면 금리는 높아지고, 돈에 대한 수요가 약해지면 금리는 낮아집니다. 이는 상대적인 이야기입니다. 아무리 돈에 대한 수요가 크더라도 돈이 충분히 공급되고 있으면 금리는 높아지지 않습니다. 금리는 돈에 대한 수요와 공급의 균형에 따라 결정됩니다. 일종의 시장 메커니즘인 것입니다.

따라서 금리를 낮추려면 돈의 양을 늘리고 금리를 높이려면 돈의 양을 줄이면 된다는 것입니다. 그리고 금리가 낮아지면 돈을 빌려서 사업을 확대하기 위해 새로운 기계를 구입하려는 회사도 늘어나므로 경기도 좋아집니다. 즉, 경제가 불황일 때는 돈의 양을 늘려 돈을 쉽게 빌릴 수 있는 상황을 만들어야 한다는 것입니다. 이것을 **금융완화**라고 합니다. 반대로 경기가 과열될 때는 돈의 양을 줄이고 금리를 높일 필요가 있습니다. 이것을 **금융긴축**이라고 합니다. 금융정책은 이 금융완화와 금융긴축을 그때그때의 경제 상황에 따라 실시하고 있습니다. 그리고 그 금융 정책을 담당하는 주체가 그 나라의 중앙은행입니다.

2 돈의 움직임을 따라가 본다

† 돈은 「세상에 돌고 도는 것」이다

금융 정책을 이야기하기 전에, 세상에는 돈이 얼마나 있을지 한 번 생각해 볼까요? 일본의 경우, 2022년 12월 기준으로 현금이 117조 엔, M1이 1,043조 엔, M2가 1,213조 엔, 광의유동성이 2,078조 엔이 있다고 발표했습니다. 여기서 우선 현금이 돈에서 차지하는 비율이 매우 낮다는 데 주목하세요. 현금은 M2 중 약 10%에 그치고 있습니다. 현재 내 지갑 안에 있는 지폐와 동전이 전 재산이라는 사람은 별로 없을 것입니다.

또한 돈의 양과 GDP의 크기가 일치하지 않는 것도 확인해 둡시다. 2022년 명목 GDP는 557조 엔이었습니다. 재화나 서비스를 구입하면 돈이 지불되기 때문에 단순하게 생각하면 GDP와 돈의 양은 일치한다고 봐도 괜찮을 것 같습니다. 하지만 잘 생각해 보면, 이런 상상은 두 가지 이유로 틀렸습니다. 첫째, 지불에 사용하지 않고 그대로 우리 수중에 남아 있는 돈도 있을 것입니다. 대청소를 하던 중에 우연히 발견한 오래전 어머니가 감추어둔 비상금도 그 한 예가 되겠죠.

둘째, 같은 돈이 여러 번 사람들에게 지불되는 경우도 충분히 있을 수 있습니다. 지불이 되었다면 그 단계에서 어떤 형태로든 부가

가치가 발생된 것입니다. 부가가치의 합계가 GDP라고 앞에서 설명했는데, 돈의 양은 적지만 많은 GDP가 발생하는 일도 충분히 있을 수 있습니다. 「돈은 세상에 돌고 도는 것」이라는 말이 있습니다. 그것이 바로 이런 것입니다. 들어온 돈이 바로 나가는 건 아쉽지만 그 나간 돈을 받는 사람도 있으니, 거기에는 어떤 형태로든 부가가치가 발생되고 있는 것입니다.

사회 전체적으로 돈의 양이 많은지 적은지를 판단하는 경우, 통화재고를 명목 GDP로 나눈 값인 **마샬의 k**(Marshallian k)라는 지표가 가끔 거론됩니다. 명목 GDP는 부가가치가 발생된 실체가 수반되는 경제활동의 결과를 나타낸 값입니다. 그에 반해 돈이 시중에 어느 정도 돌고 있는지, 이 마샬의 k라는 지표로 보려는 것입니다. 통화재고를 M2로 파악하면, 2022년에는 M2가 1,213조 엔, 명목 GDP가 557조 엔이었으므로 마샬의 k 값은 약 2.2(=1,213조 엔 / 557조 엔)가 됩니다.

일본의 마샬의 k는 현재 상승 경향에 있습니다만, 그것이 여분의 돈의 정도를 나타낸다면 인플레이션으로 연결되어 있을 것입니다. 그러나 마샬의 k의 상승이 가속화된 1980년대 후반에 물가는 안정되었고 인플레이션은 발생하지 않았습니다. 왜냐하면, 여분의 돈은 재화나 서비스가 아니라 주식이나 토지를 구입하는 방향으로 흘러갔기 때문입니다. 일본은행이 돈을 시장에 대량으로 공급하게 된 2000년대 이후에도 마샬의 k는 대체로 상승했습니다. 그러나 인플레이션으로는 이어지지 않았습니다. 늘어난 돈의 상당 부분이 국가가 발행한 차용증인 국채를 구입하는 방향으로 향했기 때문입니다. 이와 같이, 사회 전체에서 돈의 양이 많은지 적은지를 마샬의 k 값으로 판단하려고 해도, 인플레이션과의 관계는 그다지 명확하게 파악할 수 없습니다.

† 돈은 세상에서 어떻게 도는가

돈의 움직임에 대해 좀 더 생각해 봅시다. 돈에는 뭔가 규칙이 있을까요? 재화나 서비스는 판매자로부터 구매자에게 전달됩니다. 돈은 그 뒤에서 구매자로부터 판매자에게 역방향으로 움직입니다.

돈은 언뜻 보면 규칙 없이 세상을 떠도는 것처럼 보이지만 물이 높은 곳에서 낮은 곳으로 흐르듯 최종적으로는 「돈이 남는 사람」으로부터 「돈이 부족한 사람」에게로 흘러가고 있다는 것을 알 수 있습니다. 단, 돈이 부족한 사람이 무조건 돈을 받을 수 있는 건 아닙니다. 돈이 부족한 사람은 나중에 갚겠다는 약속의 증거로 차용증을 돈을 빌려준 사람 즉, 돈이 남아도는 사람에게 건넵니다. 그리고 돈이 부족한 사람의 돈은 쇼핑 등의 지불에 사용되어 다시 세상 밖으로 나옵니다. 그렇게 돈은 돈이 부족한 사람을 향해 계속 움직입니다.

대략적으로 말하면 돈이 남는 곳이 가계, 돈이 부족한 곳이 기업인 셈입니다. 가계는 기업에서 일을 하고, 월급의 형태로 돈을 받습니다. 가계는 그 돈으로 소비를 하므로 그 돈은 다시 제품을 생산·판매하는 기업으로 돌아갑니다. 그런데 가계는 월급을 모두 소비로 돌리지 않고 수중에 조금 남겨 두려고 할 것입니다. 물론 빚을 지고 있는 가계도 적지 않지만, 전체적으로 보면 가계에는 돈이 남아돌고 있습니다.

반면 기업은 가계에 제품을 팔아서 얻은 매출에서 가계에 월급을 지급하고 나머지를 이익으로 남깁니다. 그러나 기업은 제품을 생산하기 위해 기계를 구입하는 등 설비를 확충해야 합니다. 그러기 위해서는 돈이 필요하지만, 매출로부터 얻은 이익만으로는 부족합니다. 이처럼 기업은 가계와 달리 돈이 부족하기 쉽습니다.

*이상이 교과서적인 설명인데, 일본에서는 1990년대 중반 이후 기업에서도 돈이 남아돌게 되었습니다. 기업들은 버블 시대에 빌린 돈을 은행에 돌려주고 설비 투자에도 신중했기 때문입니다. 일본에서는 돈을 빌리는 주체가 기업이 아니라 정부인데, 그 이야기는 제6장에서 다시 다루겠습니다.

† 돈이 흐르는 두 가지 경로

기업이 가계로부터 돈을 빌리는 데는 두 가지 방법이 있습니다. 기업이 직접 가계로부터 돈을 빌리는 방법과 은행 등 금융기관이 개입하여 양쪽을 연결하는 방법입니다. 전자를 **직접금융**, 후자를 **간접금융**이라고 합니다.

먼저 직접금융의 경우에는, 주식을 발행하는 방법과 회사채를 발행하는 방법이 있습니다. 이는 모두 기업이 돈을 받았거나 빌렸다는 것을 증빙하는 차용증이지만 성격이 크게 다릅니다. 주식의 경우에는 기업은 빌린 돈을 돌려줄 필요가 없습니다. 즉, 주식은 영구 차용증이라고 해도 좋습니다. 다만, 주식을 발행한 기업은 이익이 발생한 시점에서 그것을 배당의 형태로 주주(그 회사의 주식을 가지고 있는 사람)에게 돌려주지 않으면 안 됩니다.

한편, 회사채로 빌린 돈은 언제까지 갚아야 한다는 기한이 있습니다. 그리고 기업이 돈을 갚을 때는 이자를 지불해야 합니다. 일반적으로 이자를 붙여 돈을 빌릴 때 발행되는 차용증을 채권이라고 하는데, 회사가 발행하는 채권을 회사채라고 합니다(국가가 발행하는 채권은 국채입니다).

주식이든 회사채든 그것이 발행된 단계에서 돈은 돈의 여유가 있는 가계로부터 돈이 부족한 기업으로 넘어가게 됩니다. 그리고 가계에는 돈 대신 주식이나 회사채라는 차용증이 남습니다. 물론 돈을 빌린 기업은 돈을 그냥 가지고 있지 않고, 다양한 지불에 사용합니다. 이렇게 기업은 돈이 부족한 만큼 주식이나 회사채를 발행하여 돈을 모읍니다.

기업이 자금을 조달하는 또 다른 방법은 은행이 개입되는 간접금융입니다. 우리는 은행에 돈을 맡기고 은행은 그 돈을 기업에 빌려주고 있습니다. 가계는 은행을 통해 간접적으로 기업에 돈을 빌려주고 있는 것입니다. 여기서 가계가 은행으로부터 받은 예금통장은 은행이 가계로부터 돈을 빌렸다는 것(즉, 가계가 은행에 돈을 빌려주었다)을 증빙하는 차용증입니다. 그리고 은행도 돈을 빌려준 기업으로부터 기업이 돈을 빌렸다는 것을 증빙하는 차용증을 받습니다. 즉, 차용증의 교환이 두 번 이루어짐으로써 돈은 여기에서도 돈이 남아도는 가계로부터 돈이 부족한 기업으로 옮겨가고 있는 것입니다.

† 은행은 왜 필요한가

기업의 자금 조달에는 직접금융과 간접금융 두 가지가 있다고 설명했습니다. 그중 간접금융의 경우는 은행이 돈을 빌린 사람과 돈을 빌려준 사람 사이에 개입하여 돈을 융통합니다. 이것을 은행의 **금융 중개 기능**이라고 합니다. 그런데 왜 그런 금융 중개 기능을 하는 은행이 존재할까요. 은행이 없어도 기업은 부족한 돈을 주식이나 회사채를 발행하여 직접 자금을 조달하면 될 것입니다.

그런데 은행이 있으면 상황이 많이 달라집니다. 소비자가 회사에 돈을 빌려주려고 해도 어떤 회사의 주식이나 회사채를 구입하면 좋을지 판단하기가 어렵습니다. 돈을 빌려준 회사가 도산을 해서 주식이나 회사채가 가치가 없는 휴지 조각이 되어 버릴 가능성도 있습니다. 그래서 은행이 소비자들로부터 돈을 모아 그 돈을 빌려줄 만한 좋은 기업을 찾아온다면 어떨까요? 우리는 큰 손실의 위험에서 완전히 해방되는 건 아니지만 상당히 안심할 수 있습니다.

반면 돈을 빌리는 회사 입장에서도 누가 돈을 빌려주는지 일일이 찾는 건 번거로운 일입니다. 다행히 빌려줄 사람을 찾는다 하더라도 필요한 자금에는 한참 못 미치는 적은 돈이라면 곤란할 수 있습니다. 이럴 때 목돈을 빌려주는 은행이 있으면 큰 도움이 됩니다.

또한 규모 있는 은행에서 돈을 계속 빌리게 되면 「○○은행에서 돈을 빌릴 정도라면 저 회사의 경영은 잘 되고 있을 것」이라는 추측도 할 수 있습니다. 즉, 은행으로부터 돈을 빌린다는 그 자체가 자사 경영의 건전성을 세상에 알리는 수단이 되는 것입니다. 그런 의미에서 은행은 일종의 정보 생산 기능을 가지고 있다고도 할 수 있습니다. 그리고 그 정보 생산 기능은 사회 전체에 있어서 바람직한 면이 있습니다. 한 은행에서 대출을 계속 받음으로써 그 기업의 경영에 관한 정보를 알리고 있으므로, 다른 은행은 애써 그 기업의 경영 상태를 조사할 필요가 없어지기 때문입니다.

이처럼 은행은 대출자의 위험을 분산시키거나 대출자 간 거래 상대를 찾는 비용을 절감하거나 혹은 돈을 빌려줌으로써 그 회사에 관한 정보를 알리는 중요한 기능을 가지고 있습니다.

그러나 은행이 수행하는 기능은 고정적인 것이 아니라 금융을 둘러싼 환경 변화에 크게 좌우됩니다. 참고로 일본의 경우를 보면, 제2차 세계 대전 후, 은행을 보호·육성하는 것을 목표로 기업에 대한 자금 조달은 가능한 한 은행을 이용하도록 유도해 왔습니다. 그렇기 때문에 직접금융 중 주식 발행이나 회사채 발행에 대해서는 매우 엄격한 제약을 가해왔던 것입니다. 그 결과 은행의 금융 중개 기능이 어쩔 수 없이 높아졌다고 할 수 있습니다.

그러나 1980년대 이후부터는 주식이나 회사채 발행 등 기업의 자금 조달 방법이 다양해졌고, 특히 대기업의 경우는 「은행 이탈」이 진행되고 있습니다. 또한, 기업 정보도 이전과는 달리 주변에서 손쉽게 손에 넣을 수 있게 되었습니다. 증권 분석가들이 주식 투자에 필요한 회사나 업계에 대한 조사를 상세히 하고 있습니다. 그 회사가 발행하는 회사채가 어느 정도 신뢰할 수 있는지도 신용 평가 회사에서 전문적으로 등급을 실시하고 있습니다. 이런 상황에서 은행이 지금까지 해온 역할 중 기업의 재무 상태를 체크하고 정보를 제공하는 부분에 대한 중요성은 점차 낮아지고 있다고 볼 수 있습니다.

3 중앙은행의 역할 — 통화정책 이야기

† 돈의 양은 누가 정하는 것인가

그런데 세상에는 정확하지는 않더라도 바람직한 돈의 양이라는 것이 있을 것입니다. 세상에 돈이 너무 많으면 돈의 가치가 떨어지는 현상 즉, 인플레이션이 되어 사람들의 생활을 불안정하게 합니다. 반대로 돈이 너무 적으면 경제 활동이 위축되어 버립니다. 돈을 빌리려고 해도 금리가 너무 높으면 쉽게 돈을 빌릴 수 없기 때문입니다.

따라서 누군가가 돈의 양을 조정해야 합니다. 그럼 세상의 돈의 양은 도대체 누가 어떻게 정하는 걸까요?

우선 돈을 현금으로 한정해서 생각해 봅시다. 돈을 발행할 수 있는 것은 그 나라의 중앙은행뿐입니다. 단, 중앙은행은 우리 소비자나 회사에 현금을 직접 주는 것은 아닙니다. 민간 은행은 중앙은행에 돈을 맡깁니다. 그 돈을 **중앙은행 당좌예금**이라고 합니다. 은행이 그날 은행 당좌 예금에서 현금을 인출했을 때, 그 현금은 중앙은행의 손을 떠납니다. 그리고 우리가 은행에 맡긴 자신의 예금계좌에서 필요한 현금을 인출할 때 현금은 비로소 세상에 얼굴을 내밉니다.

현금의 양은 중앙은행이 일방적으로 정하는 것이 아니라 우리가 필요하다고 생각해서 쓰는 만큼만 나오게 됩니다. 즉, 세상에서 필요로 하는 현금을 중앙은행이 수동적으로 공급하고 있는 것에 지나지 않는 것입니다(이 점에 대한 설명은 나중에 다시 하겠습니다).

다음으로 돈의 범위를 넓혀 현금뿐만 아니라 예금도 돈에 포함해 생각해 봅시다. 130쪽에 돈의 양(통화재고)을 나타내는 대표적인 지표로 M2를 소개하고 그것이 현금과 예금(보통예금이나 당좌예금, 정기예금 및 양도성예금)의 합계로 정의된다고 설명했습니다. 그런데 우리가 예금을 하여 돈의 양이 점점 많아지면 중앙은행이 그 양을 통제할 수 없을 것 같습니다. 왜냐하면 예금으로 얼마나 많은 돈을 은행에 예치할지는 우리 소비자나 기업이 결정할 일이기 때문입니다. 현금뿐만 아니라 예금도 중앙은행은 충분히 통제할 수 없을 것입니다.

그러나 이러한 설명에 납득을 못하겠다는 독자도 적지 않을 것입니다. 즉, 「중앙은행이 현금이나 예금을 조정할 수 없다면, 돈의 양은 도대체 누가 결정하는 것인가? 돈의 가치를 안정시켜 인플레이션이나 디플레이션이 일어나지 않도록 하는 것이 중앙은행의 가장 중요한 사명이 아니냐」는 반론이 나올 것입니다. 중앙은행과 돈의 양의 관계에 대해 좀 더 제대로 논의할 필요가 있을 것 같군요.

† 예금이 점점 늘어가는 구조 – 신용 창조

결론부터 말하면, 중앙은행이 세상의 돈의 양 즉, 통화재고를 전혀 조정할 수 없는 것은 아닙니다. 그 방식이 직접적이지 않고 간접적일 뿐입니다. 중앙은행에는 민간 은행이 돈을 맡기는 당좌 예금이 있다는 것은 앞에서 설명했습니다. 어떤 방법 – 그 구체적인 내용은 147쪽에 다시 설명하겠습니다 – 으로든 중앙은행에 당좌예금이 늘어나면 어떤 현상이 일어날까요?

은행은 중앙은행 당좌 예금이 늘어났기 때문에, 거기서 돈을 인출하여 돈이 부족한 기업 등에 적극적으로 대출을 해주려고 할 것입니다. 중앙은행에 돈을 맡겨두는 것만으로는 돈을 벌 수 없기 때문입니다. 또한 은행도 자금 조달을 위해 다른 은행에서 돈을 빌리는 경우도 종종 있습니다. 물론 그러기 위해서는 이자를 지불해야 합니다. 그러나 중앙은행에 예치한 당좌 예금의 규모가 커져 있으면 다른 은행에서 돈을 빌릴 필요가 적어집니다. 그리고 그만큼 기업에 대한 대출이 늘어나게 됩니다.

그런데 어떤 은행(은행 A)이 기업(기업 X)에 대한 대출을 늘리면 어떤 일이 일어날까요? 은행 A가 기업 X에 돈을 대출해 줄 때는 그 기업 X가 거래하고 있는 은행 B(은행 A인 것도 많다)에 있는 기업 X의 예금 계좌에 돈을 입금하는 것이 보통입니다. 여기서 은행 B의 예금 규모가 커진 것에 주목하세요. 은행 B는 예금 규모가 커졌기 때문에 그것을 기반으로 다른 기업(기업 Y)에 돈을 대출해 주려고 할 것입니다. 그 경우도 기업 Y가 거래하고 있는 은행(은행 C)에 있는 기업 Y의 예금 계좌에 돈을 입금합니다.

이와 같이 은행 A가 기업의 대출을 늘리면, 그에 따라 은행 B, 은행 C…와 같이, 점점 예금 규모가 늘어납니다. 이 메커니즘을 은행의 **신용 창조**라고 합니다. 예금은 유용한 돈이기 때문에 결국 중앙은행이 세상의 돈의 양을 늘릴 수 있다는 것이 확인되었습니다. 물론, 중앙은행은 경제 전체의 돈의 양을 줄일 수도 있습니다.

단, 여기서 2가지의 단서가 붙습니다. 첫째, 은행은 들어온 예금의 전액을 대출로 돌릴 수는 없습니다. 예금의 일부는 중앙은행에 무이자로 예치하는 것이 의무화되어 있습니다. 이 제도를 **준비 예금 제도**라고 하며, 예금 중 준비 예금으로 중앙은행에 예치해야 하는 비율을 **법정 준비율**이라고 합니다. 둘째, 돈을 빌린 기업은 당연히 그 돈을 예금 계좌에 그대로 두지 않고, 일부는 현금으로 인출할 것입니다. 그 현금이 다시 은행에 예치되지 않으면 은행의 신용 창조는 그만큼 기능하지 않게 됩니다. 이러한 단서는 필요하지만, 중앙은행은 은행이 가지고 있는 신용 창조의 기능을 이용하여 세상의 돈의 양, 즉 통화재고를 원격 조정할 수 있는 것입니다.

† 통화재고의 원격 조정은 어디까지 유효한가

다만, 중앙은행이 통화재고에 대한 원격 조정을 어디까지 정확하게 할 수 있는가에 대해서는 논란이 분분합니다.

예를 들어, 중앙은행이 통화재고를 늘리려고 중앙은행 당좌예금을 늘렸어도 은행이 대출을 늘리지 않으면 어떻게 될까요? 신용 창조의 구조가 기능하지 않게 되고, 중앙은행 당좌 예금 규모만 커지는 결과를 초래합니다. 이 경우 통화재고는 생각처럼 늘어나지 않게 됩니다. 돈은 중앙은행의 손을 떠나지 않는 한 경제에 영향을 미치지 않습니다.

그래서 지금 「은행이 대출을 늘려야 한다」는 말을 많이 하는데, 실제로 그런 일이 일어날까요? 이에 대한 대답은 「그렇다」입니다.

두 가지 경우를 생각할 수 있습니다. 하나는 은행이 대출을 늘리려고 하지 않는 경우입니다. 예를 들어, 여러 기업에서 지금까지 대출을 받아 갔는데 돌려주지 않는 기업이 점점 늘고 있다면, 은행은 새로운 대출을 꺼립니다. 이 경우, 중앙은행의 당좌 예금 계좌에 돈을 그대로 맡겨 두겠다는 은행이 있을 것입니다.

또 하나는 기업이 은행에서 돈을 빌리고 싶어 하지 않는 경우입니다. 은행이 아무리 돈을 빌려주려고 해도 기업에서 「우리 회사는 지금 돈이 필요 없어요」라고 하면 그만입니다. 경기 전망이 좋지 않아 기업들이 돈을 빌리면서까지 사업을 확대하기보다는 오히려 그동안 은행에서 빌린 돈을 개운하게 갚아버리고 싶다고 생각한다면 중앙은행이 아무리 시중에 돈의 양을 늘리려고 해도 안되는 것입니다.

즉, 중앙은행이 통화재고를 통제하려고 해도 은행 등 금융기관이 어떤 상황에 처해 있는지, 그리고 시중의 돈에 대한 수요가 어느 정도냐에 따라 정책의 유효성에는 큰 차이가 난다는 것이 필자의 생각입니다.

그렇다면 중앙은행은 이 통화재고를 어디까지 조정하고 있는지 알 수 있을까요? 이미 말했듯이, 중앙은행은 통화재고의 양을 직접 조정할 수 없습니다. 중앙은행이 직접 조정할 수 있는 것은 중앙은행이 자체적으로 시중에 공급하고 있는 돈의 양뿐입니다. 그런 돈을 머니터리 베이스(Monetary Base)라고 합니다. 평균잔고는 시중에 나도는 현금에 중앙은행 당좌예금을 더한 것인데, 중앙은행 당좌예금이 전체의 80% 정도를 차지하고 있습니다.

그리고 통화재고를 평균잔고로 나눈 값을 **신용 승수**라고 합니다. 중앙은행이 중앙은행 당좌예금 등 평균잔고를 1원 늘렸을 때 앞에서 설명한 신용 확대 메커니즘을 통해 시중의 평균잔고가 몇 원 늘었는지를 이 값을 통해 알 수 있습니다.

† 중앙은행이 돈의 양을 조절하는 수단

이야기가 약간 응용편으로 너무 깊이 들어갔을지 모르겠는데, 조금 더 교과서적인 설명을 해 두겠습니다. 중앙은행이 시중의 돈의 양을 조절하려고 할 때, 어떤 방법을 쓸까요?

가장 중요한 수단은 **금융 조절**(또는 금융 시장 조절)입니다(**그림 9** 참조). 예를 들어, 「시중에 도는 돈이 조금 부족하다」라고 판단했을 때, 중앙은행은 돈을 시장에 투입합니다. 그러나 현금을 인쇄하여 뿌리지는 않습니다(그렇게 하면, 지폐에 대한 신용이 없어져 버립니다). 은행 등에서 국채 등의 채권이나 어음을 구입해, 그 대금을 지불하는 형태로 돈을 공급합니다(그 지불 대금은 은행이 중앙은행에 당좌 예금으로 이체합니다). 이것을 매입 오퍼레이션(operation)이라고 합니다. 반대로 시중에 돈이 넘치고 있어 흡수할 경우에는 매도 오퍼레이션을 합니다. 이는 중앙은행이 보유한 채권이나 어음을 은행 등에 팔고 그 대금을 돈으로 받는 것을 의미합니다.

매입 오퍼레이션이 실시되면 은행은 자유롭게 사용할 수 있는 돈이 증가하므로 그것을 사용하여 기업 등에 대한 대출을 늘립니다. 그것이 신용 창조의 과정을 거쳐 통화재고의 증가로 이어지는 것입니다. 반대로 매도 오퍼레이션의 경우는 통화재고가 감소합니다. 중앙은행은 이 매입 오퍼레이션이나 매도 오퍼레이션을 매일 실시함으로써, 돈의 수급 균형을 조절하고 있습니다.

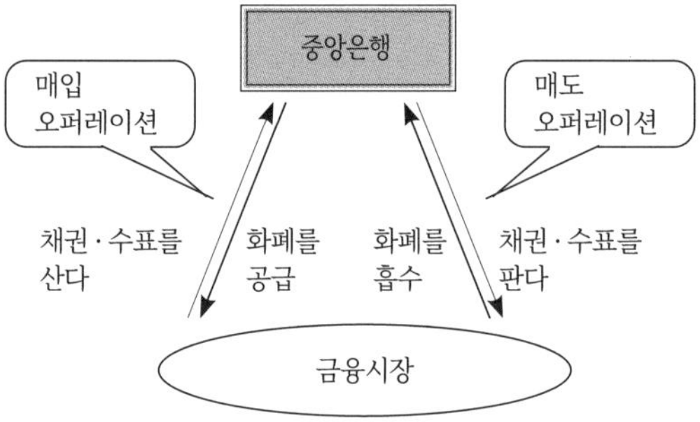

그림 9 금융 조절의 구조

*그런데 일부 이 금융 조절을 **공개 시장 조작**이라는 식으로 소개하는 경우가 많은 것 같습니다. 공개시장(오픈마켓)이란 은행만 참여하는 시장(인터뱅크 마켓)이 아니라 일반 회사 등도 참여할 수 있는 금융시장을 말합니다. 그 공개 시장을 무대로 돈의 양을 조절하기 때문에 공개 시장 조작인 것입니다. 일본은 일본은행의 금융 조절 대상은 금융기관이 대부분이기 때문인지 공개 시장 조작이라는 말은 잘 사용하지 않습니다.

그런데, 중앙은행은 이 금융 조절을 어떤 기준에 근거해 실시하고 있는 것일까요.

기본적으로는 단기 금리 수준입니다. 은행끼리 돈을 빌려주는 시장으로 콜 시장이 있습니다. 은행들은 매일 돈을 굴려야 하지만 종종 돈이 부족해지면 내일 갚을 테니 일단 먼저 빌려 달라는 식으로 단기적인 돈의 대환을 하고 있습니다. 그 대출에 붙는 금리를 익일물 콜레이트라고 하는데, 이 금리가 높으면 돈이 부족하다, 낮으면 돈이 남는다고 중앙은행은 판단합니다. 그래서 중앙은행은 이익일물 콜레이트를 정책적으로 적절하다고 생각되는 수준으로 유도하듯 금융 조절을 하게 됩니다.

그런데 익일물 콜레이트가 거의 제로가 되어 버렸을 때도 돈을 공급할 필요가 있다고 판단되면, 중앙은행은 어떻게 할까요? 이런 경우에는 중앙은행 당좌예금 잔액이 기준이 됩니다. 중앙은행 당좌예금 중에는「이 돈은 지금 필요 없으니 일단 중앙은행에 맡겨두자」는 부분이 포함됩니다. 즉, 중앙은행 당좌예금이 초과되어 있으면 있을수록 시중에는 돈이 남아돈다고 생각해도 좋은 것입니다. 따라서 금리가 제로가 되어 버린 경우는, 중앙은행 당좌 예금 잔고의 수준을 기준으로 금융 조절을 실시하게 됩니다.

† 새로운 단계에 접어든 금융 정책

금융 정책의 방법은 시대와 함께 크게 변화하고 있습니다. 중앙은행이 현재 실제로 시행하고 있는 금융정책은 여러분의 아버지, 어머니가 고등학교 혹은 대학에서 배운 것과는 상당히 다를 것입니다. 특히, 중앙은행이 실시하고 있는 금융 정책은 최근 들어 크게 변화하고 있습니다.

일본의 경우를 들어 설명해 보겠습니다. 일본의 아베 신조 당시 총리가 2012년 12월 이후 거의 8년에 걸쳐 추진한 경제정책을 **아베노믹스**라고 합니다. 이 아베노믹스 속에서 금융 정책, 보다 구체적으로 말하면 대담한 금융 완화는 중요한 기둥으로 자리 잡았습니다. 이 금융완화는 지금까지의 정책과는 동떨어진 면도 많아, 다른 차원의 금융완화라고 불립니다. 이 책은 경제학의 입문서이기 때문에 본래는 교과서적인 설명에 그쳐야 합니다만, 그러한 설명이 어디까지 현실에 해당하는지 모르기 때문에 여기에서는 현실에 맞는 이야기를 합시다.

아베노믹스 하에서 시작된 금융정책은 다음과 같은 특징을 가지고 있습니다. 첫 번째로, 일본은행(일은 : 일본의 중앙은행)은 정책목표로서 소비자 물가 상승률을 2%(전년 대비)로 하는 것을 내걸어 그 실현을 목표로 하고 있습니다. 이처럼 일은이 인플레이션율 목표를 설정하고 그 실현을 목표로 하는 것을 일반적으로 인플레이션 타겟팅이라고 부르는데, 선진국에서는 대부분의 중앙은행이 이를 채택하고 있습니다.

일은의 설명에 따르면 「물가 안정을 도모함으로써 국민경제의 건전한 발전에 이바지하는 것」이 금융정책의 이념이며, 이 경우 물가 안정을 위해서 인플레이션율이 2%가 되도록 하는 것입니다. 그러나 일본에서는 지금까지 인플레율이 마이너스 상태가 오래 지속되고 있었습니다. 그래서 일은이 인플레이션율을 2%로 하겠다는 것은 실제로는 그 어느 때보다 금융완화를 추진하겠다고 선언하고 있다는 것을 의미했습니다.

다만, 이 인플레이션 타깃팅은, 금융 완화인가, 금융 긴축인가 하는 차원의 이야기로는 가라앉지 않는 중요한 의미를 가지고 있습니다. 왜냐하면 중앙은행이 그때그때 여러 가지 바람직한 정책을 모색하기보다는 「우리는 인플레이션율이 ○○%가 되도록 금융정책을 추진하겠습니다」라고 선언하고 그 목표를 추구하는 편이 금융정책에 관한 불필요한 억측을 사람들에게 품게 하지 않고 경제 안정화에도 기여할 수 있다는 생각을 했기 때문입니다. 경제정책을 둘러싸고는 「재량」과 「규칙」 중 어느 쪽이 바람직한가에 대한 논의가 예전부터 있었지만, 인플레이션 타게팅은 규칙 쪽을 중시해야 한다는 입장을 취하고 있습니다.

† 중앙은행에 의한 대담한 대처

아베노믹스 하에서 시작된 금융 완화의 두 번째 특징은 대담함입니다. 일은은 2%라는 인플레이션율 실현을 목표로 하기 위해 모든 수단을 강구하겠다고 선언했습니다. 그 내용을 여기서 자세히 설명할 여유는 없지만, 다음 세 가지 수단이 강구되었다는 것만 간단히 알아두면 좋을 것 같습니다.

우선 인플레이션율을 높이기 위해서는 시중의 돈의 양, 즉 통화재고를 늘릴 필요가 있는데, 일은은 이를 위해 통화재고의 증액 베이스를 대폭 인상했습니다. 양을 늘릴 뿐만 아니라 만기까지 기간이 긴 국채 매입을 늘렸고, 기존에는 손대지 않았던 유형의 금융상품 매입을 늘렸습니다. 이것을 양적, 질적 금융완화라고 부릅니다.

다음으로 내놓은 것은 마이너스 금리의 양적, 질적 금융 완화입니다. 은행이 일은에 맡기는 것이 의무화되어 있는 준비 예금에는 이자가 붙지 않습니다만, 그것을 웃도는 예금(초과 준비 예금)에는 그때까지 이자가 붙어 있었습니다. 그런데, 일은은 이 구조를 고쳐, 은행이 일은에 새로 맡기는 돈 중에서 초과 준비 예금에는 마이너스 금리를 적용한다, 즉, 수수료를 받기로 한 것입니다. 일은은 그때까지 국채 등의 자산을 대량으로 매입해 세상의 돈의 양을 늘리려고 했지만, 은행은 대출받으려는 사람이 없기 때문에 일은 당좌 예금으로 돌려 둘 뿐이었습니다. 그러면 의미가 없으니, 일은에 돈을 맡기면 수수료를 받는 것입니다. 은행들은 돈을 다른 곳에서 운용해 주면 좋겠다고 부탁하는 수단으로 삼은 셈입니다.

게다가 일은은, 단기 금리뿐만이 아니라 장기 금리도 조작의 대상으로 하는 장단기 금리 조작의 양적 · 질적 금융완화도 실시했습니다. 장단기 금리 조작은 수익률 커브 컨트롤(YCC: Yield Curve Control)이라고도 부릅니다. 단기금리뿐 아니라 장기금리도 조작의 대상으로 한 것입니다. 이 수단은 처음에는 지나치게 낮아진 장기 금리를 시정하기 위한 목적으로 나왔습니다(장단 금리차가 어느 정도 없으면 금융기관의 수익이 악화되기 때문입니다). 그러나 그 후 장기금리가 상승하는 것을 막기 위해, 일은은 국채를 구입해 장기금리의 상승을 조절하려고 했습니다.

† 금융 완화는 효과가 있었나

일은은 앞으로 이러한 다른 차원의 금융완화를 점차 조정하여, 완화 전의 상황으로 돌아가려는 움직임(출구전략)을 본격화할 것이며, 그 조짐은 이미 보입니다. 그러한 금융 정책의 변경 과정에서, 경기나 인플레이션율, 그리고 금융기관이나 기업, 소비자의 행동이 어떤 영향을 받을지 매우 흥미롭습니다.

아베노믹스 하에서 일은이 전개한 이러한 대담한 금융 완화 정책은 과연 효과가 있었을까요? 전문가들 사이에서 많은 논의가 이루어졌지만, 아직도 의견이 분분합니다. 좀 더 시간이 지난 후에야 정확한 평가를 내릴 수 있을 것 같습니다. 그러나 독자 여러분들이 생각할 필요가 있는 것은, 일은의 금융정책이 상정한 「머니터리 베이스를 길게 늘리면, 통화재고도 확실히 증가한다」라고 하는 경로가 어디까지 실현되었는가 하는 점입니다.

그래서 **그림 10**을 볼까요? 이 그림은 아베노믹스 시기의 머니터리베이스, 통화재고, 그리고 신용 승수의 움직임을 본 것입니다. 아베노믹스가 본격화된 2013년 이후, 머니터리 베이스는 크게 성장을 했습니다. 과감한 금융 완화가 이루어졌음을 여기에서도 확인할 수 있습니다.

그런데, 중요한 통화재고는 눈에 띄게 증가하지는 않았습니다. 즉, 일은의 금융 완화는 통화재고를 대폭 늘리는 데까지 이르지 못했습니다. 그 결과, (통화재고를 머니터리 베이스로 나눈) 신용 승수

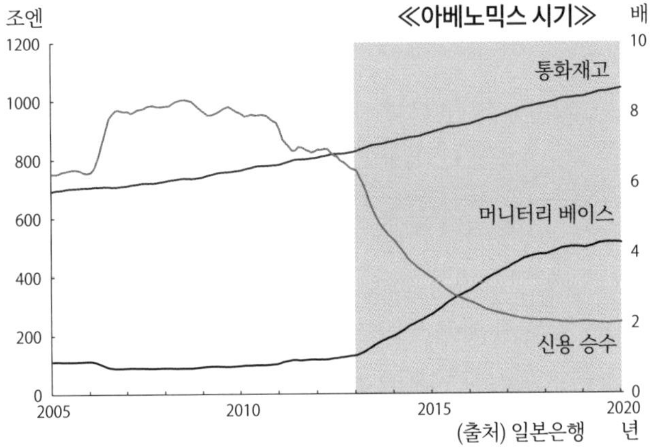

그림 10 머니터리 베이스 · 통화재고 · 신용 승수의 추이

는 크게 떨어졌습니다. 그리고 통화재고가 그다지 늘지 않았기 때문에 인플레이션율도 좀처럼 상승하지 않았다는 면도 있을 것입니다.

또는 다음과 같은 설명도 가능합니다. 「신용 승수가 크게 저하했기 때문에, 통화재고를 지금까지와 같은 속도로 증가시키기 위해서는, 일은은 보다 대담한 금융완화를 실시해 머니터리 베이스를 늘릴 필요가 있었다. 그렇지 않으면 디플레이션이 더 진행되었을 것이다」라고.

어느 쪽의 설명을 채택하느냐에 따라 일은의 금융 정책에 대한 평가가 크게 달라집니다. 전자라면 평가는 부정적, 후자라면 긍정적일 것입니다. 그런데 어느 쪽을 택해도 왜 신용 승수가 이렇게까지 크게 떨어졌는가 — 다시 말해 금융정책이 파급되는 정도가 왜 이렇게까지 약해졌는가 — 하는 점이 궁금합니다.

세상에 돈이 윤택하게 돌게 되었을 텐데 은행은 돈을 기업에 빌려줄 생각을 하지 않고 기업도 돈을 빌릴 생각을 하지 않게 되었습니다. 왜 그렇게 되었을까요? 일본 경제가 「의욕」을 잃었을지도 모릅니다. 일은의 정책 변화가 은행이나 기업의 그러한 행동 변화의 계기가 되었을지도 모르고, 관계없었을지도 모릅니다.

논의가 이 근처에 오면 이 책으로는 감당할 수 없는 영역에 들어가게 됩니다. 사실은 필자도 제대로 된 답을 가지고 있지 않습니다.

제6장

세금과 재정의 본질을 생각한다

제3장에서는 시장 메커니즘만으로는 해결할 수 없는 문제가 존재한다는 것, 그리고 정부가 해야 할 역할이 있다는 것에 관해 설명했습니다. 이 장에서는 정부를 중심으로 돈이 나가고 들어오는 과정에 주목하면서 보다 구체적인 역할에 대해 생각해 봅시다.

우리는 사회복지와 교육, 외교와 경찰, 공공사업 등 다방면에 걸쳐 정부로부터 서비스를 받고 있습니다. 그리고 그 재원의 상당 부분은 우리가 낸 세금입니다. 동네마다 공공도서관이 있어서 거기서 공부를 하거나 책을 읽거나 책을 대여합니다. 이 공공도서관의 도서 구입비나 근로자들의 월급이 세금으로 충당되고 있습니다.

그 세금은 어떻게 충당되고 있는 것일까요. 직장인들이 회사 등으로부터 받은 월급 중 일부 혹은 우리가 마트에서 물건을 살 때 내는 부가가치세 등 다양한 형태로 세금이 징수되고 있습니다. 우리는 세금을 낼 의무가 있고, 그 의무를 다하지 않으면 어떠한 벌칙을 받게 됩니다.

우리가 납부한 세금은 과연 유효하게 잘 활용되고 있는 것일까요. 또한, 우리가 받는 정부의 행정서비스의 재원은 세금만으로 충분할까요. 이런 재원이 부족해서 재정적자로 힘들다는 말도 주변에서 자주 들립니다.

본 장에서는 제도의 소개는 간단히 하고, 제도나 정책 본질을 둘러싼 다양한 의견 대립을 살펴보기로 합시다. 재정을 둘러싸고 경제학 안에서 이렇게나 다양한 의견 대립이 있다는 것에 놀라실 수도 있습니다.

1 「큰 정부」vs「작은 정부」

† 왜 세금을 낼 필요가 있는가?

우리는 정부에 다양한 것을 요구합니다. 복지 혜택을 좀 더 잘 받게 해 달라, 교육에 투자해 달라, 도로를 정비해 달라 등등. 정부가 이러한 행정서비스를 실시하기 위한 재원은 바로 우리가 낸 세금입니다. 그런데 우리는 가능한 한 세금을 적게 내고 싶어 합니다. 하지만 일에는 균형이 필요합니다. 정부의 각종 행정서비스가 지금보다 더 내실화되려면 재원이 더 필요하고, 그것은 결국 국민의 부담으로 돌아옵니다. 물론 공공사업으로 돌려진 만큼을 복지로 돌린다거나 가계에 대한 세금을 줄여 그만큼을 기업에 부담시키는 것도 방법입니다만, 공공사업을 무작정 줄일 수도 없고, 기업에 세금 부담을 늘리면 수익이 떨어져 경기가 악화될 수도 있습니다. 행정서비스의 충실도와 이를 뒷받침하는 국민 부담에는 어느 정도의 연동성이 있다고 생각해야 합니다.

† 「큰 정부」의 폐해

우리는 어떤 유형의 정부를 선택하는 것이 좋을까요. 예를 들면, 사회 복지가 충실하고, 교육도 무료로 받을 수 있는 대신, 세금 부담은 늘어나도 상관없다는 선택지가 하나 있을 수 있습니다. 반대로 세금 부담은 가능한 한 줄이고, 그 대신에 행정서비스는 그다지 충실하지 않아도 상관없다는 선택지도 있을 수 있습니다. 전자가 이른바 **「큰 정부」**, 후자가 **「작은 정부」**입니다. 「큰 정부」「작은 정부」에는 각각 일장일단이 있어서 어느 쪽이 더 좋다고 판단하기는 어렵습니다. 현재 일본은 점점 더 「큰 정부」로 향하고 있습니다. 예산 규모는 점점 커지고 있고, 최근에는 관련 행정 기관의 수가 빠르게 증가하고 있습니다. 과연 이러한 경향을 무조건 기뻐하고만 있어도 괜찮은 걸까요?

경제학은 시장 원리를 중시하므로 「큰 정부」에 대한 부정적인 시각이 있습니다. 「큰 정부」의 폐해로는 행정서비스 운영이 비효율적이 된다는 점을 우선 꼽을 수 있습니다. 기업의 경우에는 수익이 오르지 않으면 도산해 버리기 때문에 효율을 높이기 위한 노력을 열심히 해야만 합니다. 그러나 정부의 경우는 적자를 내도 바로 망할 일이 없기 때문에 효율을 유지하고 향상시키려는 유인책이 쉽게 나오지 않습니다. 또, 회사를 경영하고 있는 사람이라면, 고객의 요구를 항상 정확하게 파악할 필요가 있습니다만, 정부의 경우는 표면상은 그렇더라도 잘되지 않는 면이 있습니다.

그러나 한편으로 「작은 정부」를 지향하면 정부가 안고 있는 문제가 모두 해결될 것으로 믿는 것도 지나치게 낙관적인 생각입니다. 이미 설명했듯이 정부는 어떻게든 해야 할 역할이 있기 때문입니다. 그 역할을 정부가 포기하고 시장 메커니즘에 맡겨 버리는 것은 바람직하지 않습니다. 물론 「큰 정부」의 폐해를 없애기 위해서는 정부를 슬림화할 필요가 있지만, 거기에는 한계가 있습니다.

† 국민부담률 – 정부의 크기를 나타내는 지표

그렇다면 정부의 크기는 어떻게 측정하는 것일까요? 우리가 얻은 소득인 국민소득에서 우리(기업 포함)가 내는 세금과 사회보험료가 차지하는 비율인 **국민부담률**로 알 수 있습니다. 현재 일본의 국민 부담률은 약 50%에 달하며, 상승 경향을 보입니다.

우선 우리는 세금이나 사회보험료를 내는 한편 정부로부터 서비스를 받는 것이기 때문에 국민부담률이 높은 것이 나쁘다고만 볼 수 없습니다. 사회보장제도가 잘 되어 있는 유럽의 경우에는, 국민부담률이 50%가 넘는 나라가 많습니다. 국민부담률을 올리는 것을 비판한다면 사회보장급여를 삭감해야 한다고 주장하는 것인데, 그런 말을 꺼내는 사람은 별로 없습니다.

또한 국민부담률을 계산하는 방식을 보면, 분모의 국민소득에 부가가치세가 포함되지 않습니다. 따라서 부가가치세율이 상당히 높은 유럽 국가들은 분모가 그만큼 작아져 국민부담률이 높아집니다. 정확한 국제 비교를 위해서는 분모에 GDP(국내총생산)를 이용해야 합니다.

이런 문제점은 있지만 「국민부담률이 높아질수록 우리는 행정서비스의 수준이나 내용에 엄격해져야 한다」고 주장할 수는 있을 것입니다.

2 세금을 납부하는 방법과 사용법

† 직접세와 간접세 – 모두 일장일단이 있다

그럼 재정에 관해 좀 더 구체적인 이야기로 들어가 봅시다. 우리는 어떤 형태로 정부에 돈을 내는 것일까요. 그리고 정부는 그 돈을 어떻게 사용하고 있을까요. 앞 절에서 이야기했듯이 정부에 내는 돈은 세금뿐만 아니라 사회보험료도 큰 비중을 차지하고 있습니다. 여기서는 세금, 특히 국가에 내는 국세로 이야기를 한정하여 설명하도록 하겠습니다.

세금을 납부하는 방법에는 두 가지 유형이 있습니다. 회사에 다니는 사람들의 급여명세서를 보면 소득세(원천징수세)가 월급에서 공제되고 있습니다. 이것은 우리 국민이 월급이라는 소득을 받았을 때, 세금을 낼 의무를 지므로 그 세금을 그대로 세무서에 납부하게 됩니다. 이 소득세처럼 납세 의무가 있는 사람이 직접 내는 세금을 **직접세**라고 합니다. 기업도 사업적 이익을 기반으로 법인세라는 세금을 내고 있는데, 이 법인세도 소득세와 함께 중요한 직접세 중 하나입니다.

또 다른 유형은 납세 의무가 있는 사람과 실제로 세금을 부담하는 사람이 다른 세금, 즉 **간접세**입니다. 그 대표적인 것이 부가가치세입니다. 회사나 가게를 경영하는 사람들은 부가가치세를 납부할 의무가 있습니다. 그런데 그 사람들은 부가가치세만큼을 상품의 판매가에 붙여서 우리 소비자에게 부담시킵니다. 즉, 부가가치세는 우리 소비자가 세무서에 납부하는 것이 아니라 우리로부터 받은 세금을 회사나 가게를 경영하는 사람이 납부하는 간접적인 세금입니다. 그런 의미에서 부가가치세는 간접세라고 불리는 것입니다. 부가가치세뿐만 아니라 주세나 담뱃세 등도 대표적인 간접세입니다.

직접세의 대표적인 세금인 소득세는 소득이 높은 사람일수록 세율이 높은, 즉 고소득자일수록 많은 사회적 공헌을 요구하는 구조로 되어 있습니다. 그 자체는 바람직한 특징이라고 할 수 있지만, 너무 세율이 높아지면 사람들은 일할 의욕을 잃어버리게 됩니다. 게다가 모든 사람의 소득을 제대로 파악할 수 없다는 문제도 있습니다.

반면 부가가치세로 대표되는 간접세는 소비를 하면 반드시 과세되는 세금이기 때문에 사람들의 소득을 일일이 파악할 필요가 없습니다. 게다가 직접세인 소득세만큼 사람들의 일할 의욕과 관련되지는 않습니다. 그러나 소득이 낮은 사람일수록 자신이 얻은 소득 중 소비로 돌리는 비율이 많아지므로 간접세는 소득이 낮은 사람일수록 부담이 크다는 문제점을 가지고 있습니다.

이처럼 직접세와 간접세는 서로의 단점을 보완하는 측면을 가지고 있습니다. 그렇기 때문에 어느 한 쪽으로만 세금을 모으는 것은 바람직하지 않습니다. 그렇다면 어떤 조합이 좋은 것일까요. 이 점에 대해서는 경제학자나 재정학자에 의해 연구가 진행되고 있습니다. 그리고 이 문제는 효율성과 형평성의 조합을 어떻게 생각하는가 하는 더 큰 문제와도 연관되어 있습니다. 그렇기 때문에 만인이 납득할 만한 해답을 얻는 것은 어려운 일입니다.

† 필수품이야말로 높은 부가가치세를 물어야 한다?

부가가치세의 기본적인 취지에서도 공평성과 효율성의 대립 구도를 생각해 볼 수 있습니다.

일본의 부가가치세율(소비세율)은 2019년 10월에 8%에서 10%로 인상되었습니다. 현재 유럽의 경우, 부가가치세의 평균 세율은 20% 정도에 달하고 있습니다. 일본에서도 저출산 · 고령화의 진전으로 팽창하는 사회 보장 재원을 확보하기 위해 이 부가가치 세율을 인상해야 한다는 목소리가 있습니다.

부가가치세 세율이 두 자릿수대에 오르게 되면 부가가치세 구조에 대해 재검토할 필요가 있습니다. 특히 식료품 등 필수품에 높은 부가가치세를 부과하는 것은 저소득층에 불리하다는 지적이 종종 나오고 있습니다. 저소득층일수록 필수품에 대한 지출 비중이 높기 때문입니다.

실제로 부가가치세가 이미 상당히 높아진 유럽에서는 식료품 등을 비과세로 취급하거나 낮은 세율을 적용하는 것이 보통입니다. 필수품에 5~10% 정도의 세율이라면 그렇게 큰 문제가 되지 않을 수 있지만 세율이 높아지면 사정이 달라집니다.

그런데 경제학적으로 생각하면 생필품에 더 높은 세율을 부과해야 한다는 주장도 있습니다. 그 이유는 세율을 높이더라도 사람들은 생필품을 사지 않을 수 없기 때문입니다(그렇지 않으면 생필품이라고 할 수 없을 것입니다). 그렇다면 정부가 가장 빠르게 세수를 확보하는 방법은 생필품처럼 수요가 가격 변화에 그다지 민감하게 반응하지 않는 상품 — 그러한 상품을 수요의 가격 탄력성이 작은 상품이라고 부른다고 1장에서 설명했습니다 — 에 높은 세율을 적용하게 됩니다.

이러한 발상은 경제학에만 적용되는 되는 것이 아니고, 비현실적이라고도 할 수 없습니다. 담배에 붙어 있는 세금을 생각해 보면, 담배에는 부가가치세를 크게 웃도는 세율, 구체적으로 말하면 일본의 경우에는 60% 이상의 세율이 부과되고 있습니다. 이것은 마치 세금을 내기 위해 담배를 사는 것과 같은 것입니다. 왜 이렇게 높은 세율이 부과되는 걸까요? 그것은 담배에는 높은 세금을 붙여도 담배를 피우는 사람이 쉽게 끊을 수 없기 때문입니다. 술에 붙는 세금이 높은 것도 이와 같은 이유입니다.

가격이 비싸도 수요가 좀처럼 줄지 않는, 즉 수요의 가격 탄력성이 작은 담배나 술에 높은 세금을 붙이는 구조는 꽤 합리적(교활한?)이라고 볼 수 있습니다. 이런 배경을 알면 담배나 술을 살 생각이 없어질텐데, 그런데도 불구하고 부지런히 세금을 내고 있는 사람들은 산더미처럼 많습니다. 그만큼 담배나 술은 매력적이라 일반 생필품을 같이 취급할 수 없는 것입니다.

그러나 세금을 붙여도 사람들의 구매 행태가 별로 변하지 않는 재화나 서비스에 세금을 집중적으로 붙여야 한다는 것은 나름 이치에 맞는 생각입니다.

부가가치세 세율은 본래, 소득이 다른 사람들의 세 부담을 어떻게 조율하면 좋은가의 공평성의 관점뿐만 아니라, 어떻게 하면 사람들의 소비 행동에 큰 영향을 미치지 않고 세금을 모을 수 있는가의 효율성의 관점에서도 검토되어야 한다는 것이 경제학의 발상입니다.

그 공평성과 효율성의 균형을 맞춘다는 관점에서, 예를 들면, 모든 재화에 같은 부가가치세 세율을 곱해도 좋다는 생각도 이상하지는 않습니다. 오히려 부가가치세 세율을 품목별로 조정해 형평성을 추구하는 것은 간접적인 수단입니다. 형평성 추구라면 소득을 직접 재분배하는 것이 쉽습니다. 세금이라면 소득의 크기에 따라 세율이 다른 소득세에 맡기는 편이 직접적인 수단입니다. 단, 이를 위해서는 소득의 크기가 제대로 파악되고 있다는 전제가 필요합니다.

† 공공투자의 경제 효과 – 승수 효과

다음은 세금을 사용하는 방법에 대해 생각해 봅시다. 세금을 어떻게 사용할 것인가를 결정하는 것이 국가 예산입니다. 그 예산을 만드는 과정을 예산 편성이라고 합니다. 그 예산 편성 중에서 경기와의 관계에서 자주 거론되는 것은, 공공투자(공공사업)에 예산을 얼마나 쓸까일 것입니다. 도로나 항만을 정비하거나 공공시설을 건설하는 공공투자가 거기에 포함되어 있습니다(공공사업비에는 토지 구입비도 포함되어 있습니다만, 토지 구입은 부가가치를 창출하는 것이 아니기 때문에 GDP[국내총생산]에는 직접 영향을 미치지 않습니다).

공공투자는 경기 대책의 중요한 수단으로 종종 자리매김합니다. 경기가 불황에 빠진 것은 세상의 수요가 부족하기 때문이므로 정부가 재화나 서비스를 구입하면 된다는 것이 그 발상입니다. 공공시설을 짓기 위해서는 정부는 건설 자재를 구입하고 그곳에서 일하는 건설 노동자의 노동 서비스를 삽니다. 여기에서는 모두 부가가치가 발생하고 GDP가 늘어납니다. 사실 그동안의 불황기에도 정부가 적극적으로 공공투자를 늘려 경기부양을 하는 경우가 많았습니다.

공공투자에는 **승수 효과**가 작용합니다. 1조 원의 공공투자를 늘리면 1조 원 이상의 GDP가 만들어진다는 게 승수 효과의 의미입니다. 어떻게 그런 일이 일어나는 걸까요?

이치는 그리 어렵지 않습니다. 정부가 1조 원의 공공투자를 하면 그만큼의 GDP가 먼저 생깁니다. 공공투자를 맡은 건설사가 그만큼 일을 하고 그 대가로 1조 원을 정부로부터 받게 되기 때문입니다. 그 건설회사에서 일한 사람들은 공공투자에 의해 번 돈으로, 예를 들어 식당에서 식사를 하게 되면, 그만큼은 소비로 GDP에 추가됩니다. 식당에서 일을 하는 사람들의 월급도 늘어나겠죠. 그리고 그 식당 직원들도 어딘가에서 더 많은 쇼핑을 할 것입니다. 이처럼 1조 원의 공공투자는 GDP를 1조 원 늘릴 뿐만 아니라 그 이상의 GDP를 창출하게 됩니다. 이것이 승수 효과라고 하는 것입니다.

공공투자에 승수 효과가 있다는 것은 경기대책으로 공공투자를 적극 활용해야 한다는 주장으로 이어집니다. 정부가 조금 수요에 불을 붙이게 되면 그것이 방아쇠가 되어 민간의 수요도 유발된다는 전개가 기대되기 때문입니다. 그런데 문제는 이 승수 효과가 어느 정도인가 하는 점입니다. 1조 원 공공투자를 늘리면 1.3조 원 정도의 GDP가 늘어난다는 계산을 하기도 합니다. 이때, 「공공투자의 승수는 1.3이다」라고 말합니다.

† 승수 효과의 2가지 「함정」

그러나 이 승수 효과에는 두 가지 「함정」이 있습니다. 하나는 실제 예산 편성과 관련된 것, 다른 하나는 이론적인 것입니다. 먼저 전자부터 설명해 보겠습니다.

경기 대책으로서 공공투자가 이용되는 것은, 그해 안에 추가 경정 예산이 편성되는 경우입니다. 당초 예산에 의한 공공투자로는 역부족인 것으로 나타났기 때문에 공공투자를 추가하자는 것입니다. 이때 확실히 승수 효과는 발생할 것입니다. 그러나 다음 해의 당초 예산에서 모처럼 인상된 공공투자가 원래 수준으로 줄어든다면 어떻게 될까요. 이번에는 마이너스 승수 효과가 발생하게 되는 것입니다.

즉, 공공투자의 승수 효과가 제대로 발휘되기 위해서는 일단 인상된 공공투자의 수준을 그 이후에도 계속 유지해야 합니다. 물론, 그해의 중도에 공공투자가 추가되고 경기가 순조롭게 상승하여, 다음 해는 공공투자에 의한 경기 부양을 할 필요가 없어지는 상황도 충분히 있을 수 있습니다. 그러나 예상했던 수준까지 경기가 상승하지 않은 단계에서 공공투자의 수준을 원래대로 되돌리면, 오히려 그것이 경기 하락의 요인이 되어 버립니다.

실제로 일본의 공공투자는 지금까지 불황기를 겪으며 당초 예산으로 부족하여 추경 예산을 추가하는 패턴을 반복해 왔습니다. 공공투자의 승수 효과는 다른 곳에 비해 떨어졌다고들 하는데, 방식이 서투른 면도 적지 않은 것 같습니다. 또 하나는 이론적인 문제점입니다. 공공투자가 늘어나면 확실히 그만큼의 GDP는 늘어납니다. 공공사업에 참여한 사람들은 당분간은 자금적인 여유가 생기겠지만 그 이상의 효과는 발생하지 않을 것입니다.

여기서 약간 머리를 써 봅시다. 정부가 공공투자를 1조 원 늘리려고 할 때, 그 재원은 어디에서 조달할까요? 보통 1조 원만큼의 국채를 발행하여 민간에서 돈을 빌립니다(이자도 붙여야 하지만 여기서는 무시하겠습니다).

그 1조 원이라는 돈은 미래에 국채를 구입한 사람들에게 되돌려줘야 하는데, 그럼 그 돈은 또 정부는 어떻게 조달할까요? 정부는 장래 시점에서 1조 원의 증세를 실시하지 않으면 안 됩니다. 사람들이 그 증세를 정확하게 예상했다면 그에 대비하여 1조 원만 저축할 것입니다.

그 1조 원을 사람들이 저축을 할 수 있을까요? 답은 「그렇다」입니다. 공공투자로 1조 원만큼의 소득이 늘었기 때문입니다. 즉, 사람들은 공공투자로 일해서 얻은 1조 원을 소비로 돌리지 않고 모두 저축으로 돌리게 됩니다. 따라서 공공투자를 1조 원 늘려도 GDP가 1조 원 늘어날 뿐 이를 뛰어넘는 파급효과는 발생하지 않게 됩니다. 내친김에 좀 더 생각해 보면, 사람들은 1조 원이라는 저축을 국채를 구입하는 데 사용합니다. 정부가 발행한 1조 원이라는 국채는 장래의 1조 원의 증세에 대비하려는 사람들에 의해 딱만큼만 구입하게 되는 것입니다.

즉, 1조 원의 공공투자를 해도 GDP는 1조 원밖에 늘어나지 않게 된다는 것입니다. 그런데 이야기는 여기서 끝나지 않습니다. 정부가 공공투자를 늘렸을 때, 민간 기업의 설비 투자가 잘 이루어지지 않는 경우도 생각할 수 있습니다. 건설 자재나 노동자가 부족한 경우입니다. 경기가 극도로 심각한 상태라면 이런 경우는 별로 생각할 수 없지만, 만약 이 논의가 맞다면 공공투자의 승수는 가장 높은 경우에도 1이 됩니다.

이러한 논의는 과연 옳은 것일까요? 중요한 것은 사람들이 미래에 늘어날 부담을 어디까지 합리적으로 고려하여 행동할까요. 경제학은 사람들이 합리적으로 행동하는 것을 전제로 논리를 맞추어 나가는 학문입니다. 그러나 사람들이 합리적일수록 공공투자의 승수 효과는 작아집니다. 그리고 사람들이 미래에 늘어난 부담을 너무 진지하게 생각하지 않고 현재만 생각하고 행동할수록 공공투자의 승수 효과는 커집니다. 이것은 아이러니한 이야기가 아닐 수 없습니다. 공공투자의 승수 효과에 기대하는 것은 사람들이 비경제학적으로 행동하는 것을 상정하고 있는 것이 되기 때문입니다.

비슷한 상황은 감세의 효과에서도 성립됩니다. 정부가 감세 실시를 결정했을 때 이미 예정된 세출을 유지하려면 부족한 만큼을 국채로 조달해야 합니다. 그 국채의 상환 재원을 생각했을 때, 사람들은 어떻게 행동할까요? 사람들이 합리적으로 행동하면, 사람들의 소비를 늘려야 할 감세는 아무런 효과를 내지 못하게 됩니다. 그 이유에 대해서는 독자 여러분의 숙제로 남겨 두겠습니다.

3 재정적자를 둘러싼 각종 논란

† 재정적자는 왜 바람직하지 않은가

다음은 재정적자에 대한 문제를 생각해 봅시다.

우리가 쇼핑을 할 때, 지갑에 있는 돈의 액수를 고려하게 됩니다. 지갑에 10만 원이 있으면 쇼핑의 상한선은 10만 원이 됩니다. 한정된 소득 안에서 가계를 꾸려나가야 합니다. 쇼핑을 너무 많이 하게 되면 빚을 내거나 적금을 깨야 합니다. 빚이 점점 불어나면 적자에 시달리게 되고, 최악의 경우에는 파산을 할 수도 있습니다.

사정은 정부도 마찬가지입니다. 재정적자란, 국가나 지방 자치제가 시행하는 다양한 정부의 행정서비스 경비 중에서, 세수 등으로는 감당할 수 없는 경우를 말합니다. 정부도 사회보장이나 공공투자 등 행정서비스를 하는 데 돈이 필요한데 세수 등이 이에 미치지 못하면 빚을 지게 됩니다. 그 빚이 재정적자이고, 그리고 정부는 재정적자에 해당하는 만큼의 국채(지방자치단체의 경우는 지방채)를 발행해야 합니다.

재정적자는 어디에 나쁜 영향을 미치게 될까요? 통상적인 설명은 이렇습니다. 우선 정부의 재정 운영이 어려워집니다. 국채나 지방채는 정부의 빚이기 때문에 언젠가는 갚아야 합니다. 빚을 갚거나 이자 부담이 커지기 때문에 정부는 점차 국민과 주민의 요구에 맞는 행정서비스를 제공하기 어려워집니다. 재정적자가 생기면 다시 국채를 발행하고, 또 그 상환이나 이자 지급에 괴로워하는 악순환이 생깁니다. 바로 정부가 빚의 지옥에 빠지게 되는 것입니다.

그러나 정부의 재정적자가 일반 가정의 적자와 다른 점은 적자를 낸다고 해도 메우지 않고 그대로 두기 쉽다는 것입니다. 일반 가정의 경우에는 빚이 늘어나면 생활비를 줄여 대응해야만 합니다. 그러나 재정적자가 아무리 커져도 우리는 행정서비스에 대한 요구를 좀처럼 낮추려고 하지 않습니다. 국채를 발행하여 재정적자를 메우면 일단 재정적자 문제는 우리 일상생활에 영향을 미치지 않기 때문입니다.

정부가 적자를 줄일 수 있는 것은 정부에 징세권이 있기 때문이라는 말을 우리는 자주 듣습니다. 국채가 늘어나 상환을 위해 돈이 필요하여 국민에게 세금을 부과하면 그 돈을 조달할 수 있습니다. 그러므로 재정적자가 늘어나는 것에 제동이 걸리기 어려운 면이 있는 것입니다.

덧붙여 재정 수지의 움직임을 보는 지표로서 **기초적 재정수지**(프라이머리 밸런스(primary balance))라고 하는 지표가 있습니다. 이 지표는 그 시점에서 정책적으로 필요한 경비를, 그 시점의 세수 등으로 얼마나 조달하고 있는지를 나타내는 지표입니다. 요컨대 재정이 적정하게 잘 운영되고 있는지를 체크하는 것입니다. 다만, 여기서 주목하는 경비에는 국채비용(국채의 원금 변제나 이자의 지불에 충당되는 비용)은 포함되지 않습니다. 국채비용은 그 시점의 정책과는 무관하게 이미 정해져 있기 때문입니다.

† 장래에 대한 부담을 연기할 수 있을까

그렇다면 일본의 경우에는 지금 빚이 얼마나 있을까요? 이런 논의를 할때는 보통 국채의 발행액이나 잔고 현황을 보는 것이 보통이지만, 여기에서는 지방자치제 등을 포함한 정부 전체의 빚을 살펴보겠습니다. 매년 발생하는 재정적자가 아니라 지금까지 정부에 쌓인 빚의 잔액, 즉 금융채무 — 그 4분의 3 이상은 국채입니다 — 가 얼마인지를 살펴보도록 하겠습니다.

단, 정부는 채무도 안고 있지만, 자산도 가지고 있습니다(여기서는 토지나 건물이 아닌 금융자산만 해당됩니다). 예를 들면, 정부는 뒤에서 언급할 연금 지급을 위해 보험료의 일부인 연금 적립금을 국채나 주식으로 운용하고 있습니다. 정부가 얼마나 빚을 지고 있는지를 알아보려면 이런 금융자산을 뺀 순채무를 보면 됩니다. **그림 11**은 일본의 금융채무와 금융 순채무의 움직임입니다. 정부에는 금융자산도 꽤 있기 때문에 그것을 뺀 금융 순채무를 보면 빚의 정도는 상당히 적어 보이지만, 그래도 GDP의 120%를 웃돌고 있습니다. 이 값은 선진국 중에서 일본이 1위입니다.

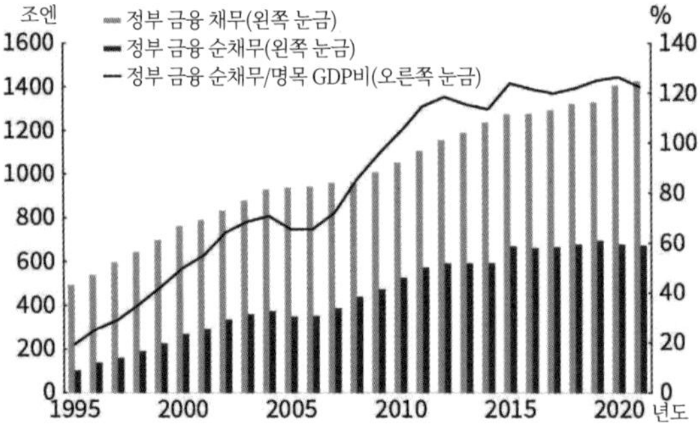

(출처) 일본 내각부 「국민 경제 계산」

그림 11 일본 정부가 안고 있는 금융 채무 · 금융 순채무

이 그래프만 보면 「재정 적자가 많이 나는구나. 빨리 재정 적자를 줄여야 될 것 같은데」라는 정부를 이해하는 마음이 생길지도 모르겠군요. 재정 적자는, 국민에게 어떤 의미가 있을까 — 이런 문제가 경제학에서는 중요합니다.

재정 적자는 정부가 수행하는 행정서비스에 필요한 재원 중에서 세수로는 감당할 수가 없어서 일단 미래로 미루어 두고 있습니다. 간단히 말하면, 국민들은 지금 분수에 맞지 않는 생활을 하고 있다는 것입니다. 그 부분은 미래에 자신들이, 혹은 미래 세대가 부담해야 할 것입니다. 이렇게 하는 것이 왠지 그다지 바람직한 일은 아닌 것 같다는 생각이 들기도 합니다.

그래서 재정적자가 바람직하지는 않지만, 부담을 미래로 미룰 수만 있다면 계속 미루면 좋지 않을까 라는 생각을 하는 사람도 있을 수 있습니다. 이는 정부가 합법적으로 빚을 탕감하는 전략으로 가는 것을 의미하는데 과연 이게 가능할까요? 만약 가능하다면, 재정적자 문제는 바로 사라져 버립니다.

여기는 중요한 부분이니까 곰곰이 생각해 봅시다. 정부는 적자가 발생할 경우 차용증으로 국채를 발행합니다. 이 국채는 어떻게 발행할 수 있을까요? 이 국채를 구입해도 좋을 것 같다고 생각하는 사람들이 있기 때문입니다. 그들이 국채를 구입해도 된다고 생각하는 것은 그 국채를 보유하고 있으면 — 혹은 그것을 유산의 일부로 후손에게 남기면 — 기일이 왔을 때 그것을 돈으로 바꿔주겠다고 정부가 약속했기 때문입니다.

그 약속이 확실히 지켜지는 한, 국채는(정부의 부채라고 해도) 국민에게 있어서는 훌륭한 자산이라고 할 수 있습니다. 게다가 그 국채를 보유하고 있으면 정부가 그 상환을 위해 국민에게 세금을 부과하더라도 그 국채를 환금하면 세금을 무리 없이 낼 수 있습니다. 이러한 상태가 계속되는 한 정부는 국채를 계속 발행할 수 있습니다.

즉, 「국채는 정부에 있어서 부채인 동시에 국민에게 있어서 자산입니다. 따라서 양자는 상쇄되기 때문에, 재정적자의 확대나 국채의 누적은 아무런 걱정을 하지 않아도 된다」라고 하면 되는 것입니다. 「아! 그렇구나」라고 놀라는 독자도 많을 것입니다. 이 문제는 중요하기 때문에 다음 장에서 다시 다루도록 하겠습니다.

*또한 일본은행은 현재 국채를 대량으로 매입하고 있기 때문에 일본은행을 정부에 포함시키면 정부의 적자는 줄어든다는 말을 하기도 합니다. 이 설명 자체가 틀린 것은 아니지만, 거기서 문제가 되는 것은 정부나 일본은행뿐만이 아니라(국채를 자산으로 보유하고 있는) 기업이나 가계를 포함하여 나라 전체를 생각하면 어떻게 될까요. 국채를 둘러싼 대출 관계는, 일본은행을 정부에 포함시킬지 말지의 이야기와는 무관하게, 처음부터 서로 별도라는 점에 주의할 필요가 있습니다.

† 경기 회복이 먼저인가 건전한 재정이 먼저인가

이번에는 좀 더 현실적인 이야기로 넘어가서, 경기 회복이 먼저인지, 건전한 재정이 먼저인지를 생각해 봅시다. 경기가 나빠지고 있을 때는 정부에 공공투자의 증가나 감세 등 경기 대책을 요구하는 목소리가 높아집니다. 그리고 이러한 여론을 의식하여 정부가 경기 대책을 실행하면 재정적자는 더욱 커집니다. 그 때문에 경기

대책이 먼저냐, 건전한 재정이 먼저냐는 논의가 자주 일어납니다.

경기 대책을 우선해야 한다고 주장하는 사람들은 다음과 같이 말합니다. 「정부가 재정적인 측면을 고려하여 경기부양책을 내놓으면 분명 재정수지가 악화될 것이다. 그러나 정부의 경기부양책으로 인해 경기가 좋아지면 사람들의 소득도 높아지고 세수도 증가하기 때문에 장기적으로는 재정적자가 축소될 것이다. 반대로 지금 건전한 재정 측면을 고려하게 되면 경기는 더욱 침체되고 세수가 더욱 감소해 건전한 재정을 추진하기가 오히려 어려워진다」. 이것은 상당히 설득력 있는 논리입니다. 실제로, 일본의 재정 정책은 지금까지 불황기를 거치면서 이러한 발상에 의해 경기 회복을 중시하는 자세를 자주 취해 왔습니다.

이 점에 대해서는 정책 담당자나 경제학자, 이코노미스트 중에서도 의견이 첨예하게 대립되고 있습니다. 무엇을 정책적으로 중시해야 하는가 하는 시점의 차이가 있기 때문입니다. 건전한 재정이라는, 국민에게 있어서 메리트가 명확하지 않은 정책을 추구하기보다는 코 앞에 다가온 불황을 어떻게든 해결하라는 주장이 역시 설득력이 있어 보입니다. 한편, 지금까지 저출산 · 고령화가 진행되고 있어 경제성장의 미래 전망이 어두워지면, 계속 커져가는 재정적자의 무게에 자신들 혹은 미래 세대가 견딜 수 없게 되는 것은 아닐까 하는 불안감이 사람들 사이에서 퍼지고 있는 것처럼 보이기도 합니다.

그래서 다음 절에서는 재정을 둘러싼 문제를 「세대」라고 하는 개념을 의식해 조금 장기적으로 생각해 보도록 합시다.

4 세대와 세대의 이해 갈등

† 각 세대가 함께 나누는 재정 부담

국채 발행은 정부가 제공하는 행정서비스 부담(일부)을 미래로 미루는 것이라고 이미 말했습니다. 다음으로 생각할 수 있는 것은, 행정서비스의 재원을 부담하는 문제를 가지고, 현재 세대(현재 세금을 납부하고 있는 사람)와 미래 세대 간, 이해 대립이 발생하는 것입니다. 매년 재정 수지 동향만으로 재정을 논의해서는 끝이 나지 않습니다.

예를 들어, 현재 세대가 정부에 행정서비스를 충실하게 해달라는 요구를 했다고 합시다. 정부가 그 요구에 부응하기 위해서는 현재 세대에 지금까지보다 더 많은 세금을 부과해야 합니다. 그런데 현재 세대가 「부담이 느는 것은 싫다」고 하면 어떻게 될까요. 정부는 재정적자를 메우기 위해 국채를 발행하고 미래 세대로 그 부담을 미룰 수밖에 없습니다. 독자 여러분은 지금까지 다양한 곳에서 민주주의가 얼마나 중요한가를 배워 왔을 거라고 생각합니다. 그러나 민주주의는 결국 현재 세대의 다수 의견을 반영하는 의사결정 구조에 불과합니다. 그리고 그곳에서는 미래 세대의 이익은 현재 세대의 이익보다 경시되기 쉽습니다. 그 때문에, 재정 본연의 자세에 대해서도 미래 세대에 부담을 미루는 결정이 내려지는 경향을 볼 수 있습니다.

반대로, 현재 세대가 행정서비스의 충실을 정부에 요구하지 않거나, 혹은 부담이 느는 것을 받아들인다면 미래 세대가 짊어지게 될 부담은 가벼워집니다.

즉, 재정이라는 구조를 매개로 현재 세대와 미래 세대는 서로 대립하는 관계에 있습니다. 물론 이 대립 관계는 지금부터 시작된 것이 아니라 옛날부터 있어 왔습니다. 그러나 인구가 순조롭게 증가하고 사람들의 소득이 빠른 속도로 증가할 때는 미래 세대로 부담을 미루는 것은 큰 문제가 아니었습니다. 1인당 부담액을 봤을 때, 분모가 점점 커지므로 이 분수의 값은 먼 미래에는 무시할 수 있을 정도로 작아지기 때문입니다. 그런데 저출산 · 고령화가 진행되면 미래 세대가 짊어질 부담은, 특히 1인당으로 보았을 때 과연 그들이 이 부담을 짊어질 수 있을까 하는 우려의 목소리가 나올 수 밖에 없습니다.

† 연금의 구조와 개혁의 방향

연금은 미래 세대에게 부담을 미루고 있는 전형적인 구조로 되어 있습니다. 연금을 사회 보장 제도의 하나로 보면, 경제학의 관점에서 연금을 어떻게 설명할지 궁금할 것입니다. 사실 사회보장 전문가 중에는 사회보장 본연의 모습을 경제학의 수법으로 논의되는 것을 부정적으로 받아들이는 사람들도 많습니다. 그러나, 사회보장도 경제학적 분석이나 정책 제언을 할 수 있습니다. 여기서는 재정 측면으로만 좁혀서 설명해 보겠습니다.

우선 연금은 어떤 구조일까요? 직장을 그만두고 은퇴 생활을 시작할 때, 일상생활에 어려움을 겪지 않도록 젊었을 때부터 조금씩 돈을 정부에 맡겨두고 나중에 그만큼 돌려받는 구조 — 그것을 **적립 방식**이라고 합니다 — 가 머릿속으로 그려지는 연금의 이미지입니다. 그런데 그 이미지는 틀렸습니다.

왜냐하면 우리가 내는 연금의 대부분이 우리가 노후에 돌려받는 연금의 재원이 되는 것이 아니라 지금 은퇴 생활을 하고 있는 사람들의 연금의 재원이 되고 있는 것입니다. 그러면 우리 연금은 누가 낼까요? 그것은 미래 세대가 내는 것입니다. 이처럼 연금의 부담을 다음 세대로 차례차례 미루는 구조로 되어 있는 것입니다. 이러한 구조를 **부과 방식**이라고 부르는데, 정부가 우리에게 설명할 때는 「세대와 세대의 품앗이」(세대 간 부양)라는 표현을 씁니다. 연금은 세대가 차례차례 서로 돕는 정말 좋은 구조이니까, 「여러분도 연금을 잘 내도록 합시다」라고 말하지만, 실상 이 연금에 지금 큰 문제가 발생하고 있습니다.

왜냐하면 자녀의 수가 순조롭게 증가하는 구조라면 앞으로도 제대로 유지될 수 있지만, 저출산 · 고령화로 자녀의 수가 줄어들게 되면 점점 유지가 어려워지기 때문입니다. 우리가 은퇴 후 받는 연금 수준을 유지하려면, 우리보다 인구가 적어지는 미래 세대가 낼 1인당 연금은 인상될 수밖에 없습니다. 이것은 미래 세대에게는 매우 괴로운 일입니다. 반대로 미래 세대가 낼 1인당 보험료가 올라가지 않게 하기 위해서는 현재 세대가 미래에 받을 연금 액수를 낮춰야 합니다. 이것은 또 현재 세대에게는 곤란한 일입니다.

그럼 어떻게 하면 좋을까요? 미래 세대의 부담을 줄여주기 위해서는 현재 세대가 연금 수령액이 낮아지는 걸 받아들이는 수밖에 없습니다. 이것은 연금의 규모가 축소된다는 것을 의미합니다. 「자신들의 노후는 스스로 돌본다」는 의미가 되는 것이죠. 미래 세대를 편하게 하려면 현재 세대가 참아야만 합니다.

현행 연금 제도에는 이러한 문제를 잘 처리할 수 있는 구조가 갖추어져 있습니다. 연금 보험료의 상한을 미리 결정하여, 거기에서 받을 수 있는 보험료 수입의 범위내에서 연금 수준을 결정하는, **매크로 경제 슬라이드**라고 하는 구조가 그것입니다. 노인 연금의 총액을 젊은 사람들의 「체력」 수준에 자동적으로 맞추는 것입니다.

이런 구조로 가면, 확실히 젊었을 때 보험료 부담이 증가하는 데는 제동이 걸립니다. 그러나 한편으로 저출산 · 고령화가 진행되면 연금 혜택이 줄어드는 문제가 생깁니다. 연금 제도의 지속 가능성은 확실히 높아지지만, 모두가 동시에 행복해지는 것은 아닙니다.

연금제도에 대해서는 어떤 개혁을 시도해도 저출산 · 고령화가 진행되는 한 모든 세대를 동시에 행복하게 할 수는 없습니다. 이것이 경제학의 결론입니다.

† 우리는 얼마나 미래 세대를 생각하고 있는가

「현재 세대와 미래 세대의 이해 대립이라니 말도 안 된다. 연금이 설령 미래 세대에게 부담을 주는 구조로 되어 있다 하더라도 심각한 문제가 아니다」라는 반론도 있을 수 있습니다. 왜냐하면, 우리 현재 세대가 앞으로 많은 부담을 안게 될 미래 세대를 불쌍히 여겨 생전에 증여나 유산을 늘려 간다면 별문제가 없을 것이라는 생각을 하고 있기 때문입니다.

실제로 할아버지, 할머니로부터 용돈이나 세뱃돈을 받는 사람이 있을 것입니다. 그 용돈이나 세뱃돈의 재원이 아마도 연금일 수도 있습니다. 할아버지, 할머니는 「연금이 젊은 세대의 보험료로 충당되고 있다고 해도 이렇게 젊은 세대에게 다시 돌려주고 있지 않은가」라고 말할지도 모릅니다.

이런 생각이 경제학에 비판적인 사회 보장 전문가들이 자주 들고 나오는 논리입니다. 그런데 실은 이런 생각이야말로 제대로 된 경제학의 개념입니다. 자기의 「효용」뿐만 아니라 미래 세대의 「효용」도 합해 최대화하려면 조금은 미래 세대에게 돈을 남겨두자는 행동을 제대로 설명할 수 있기 때문입니다. 자신의 주장을 정당화하기 위해 부지불식간에 경제학의 사고방식을 사용하고 있는 것입니다.

그러나 같은 경제학적 접근법이라 하더라도 이렇게 주장하는 것이 전혀 다르다면 우리는 어떻게 해야 할까요?

중요한 점은, 우리가 얼마나 미래 세대를 생각하고 행동하고 있는가 다시 말해, 미래 세대에 대해 어디까지 「이타적」인가 하는 것입니다. 우리가 온전히 이타적이라면 연금을 아무리 미래 세대에게 부담을 떠넘겨도 문제가 되지 않습니다. 그러나 우리가 자신만을 생각하고 행동하고 있다면 미래 세대에 돈을 남기지 않게 되기 때문에 미래 세대는 곤란을 겪게 될 것입니다. 진리는 그 중간쯤에 있다는 생각이 듭니다. 우리가 온전히 이타적이지 않으면 역시 미래 세대는 적어도 부분적으로나마 현재 세대를 위한 부담을 지게 될 것입니다.

† 재정적자나 국채에 대해 다시 생각하다

이러한 구조는 연금에만 국한된 것이 아닙니다. 재정적자나 국채 ― 국채 이외의 정부 채무, 혹은 정부 자산을 공제한 정부 순채무로 이야기를 넓혀 생각해 봐도 좋을 것입니다 ― 에 대해 다시 생각해 봅시다. 우리 현재 세대가 국채의 상환을 위해 증세에 직면할 미래 세대를 생각해 저축을 늘리고 있는 한 ― 그 저축이 국채의 구입이라는 형태를 취한다는 점에 주목해 주시기 바랍니다 ― 국채가 누적되는 것은 큰 문제가 되지 않습니다. 하지만 저축을 늘리게 되면 소비는 좀처럼 늘지 않습니다. 이런 경우에는 정부가 국채를 발행하여 정부 지출을 늘리고 경기를 부양하려고 해도 별 효과가 나타나지 않습니다.

한편, 국채의 발행에 의해 정부의 지출이 증가하여 경기가 상승한다고 생각하는 것은, 사람들이 「미래 세대를 위해서」라고 생각해 저축을 늘리지 않고, 자신을 위한 소비를 늘린다고 생각하는 것을 의미합니다. 그리고 그것은 동시에 미래를 위해 남기는 돈이 줄어들고, 미래 세대의 부담이 늘어나는 것을 의미합니다. 미래 세대가 현재 세대로부터 물려받는 돈이 자신들이 짊어져야 하는 부담보다 적기 때문입니다.

이처럼 사회보장이나 재정이라는 정부의 역할을 통해 현재 세대와 미래 세대의 이해가 대립하고 있다 — 그러한 구도를 부각시키는 것도 경제학입니다. 그러나 인구가 순조롭게 증가하고 높은 경제성장이 지속되기만 한다면 그러한 이해 대립을 의식할 필요는 없습니다.

그러나 인구가 감소하는 현상이 지속되어 높은 경제 성장을 기대할 수 없게 된다면 이제부터 미래로 연결된 자원의 제약을 무시할 수 없게 됩니다. 재정적자의 확대나 국채의 누적에 대한 견해가 나뉘는 것은 당연한 일입니다. 이 책을 읽는 독자들은 「국채는 정부의 빚이지만 국민의 자산이기도 하므로 문제 삼을 필요는 없다」라고 우리를 안심시키는 주장들이 과연 올바른 것인지, 그리고 미래 세대에게 미칠 영향에 대해서도 차분히 한번 생각해 보시기를 바랍니다.

제 7 장

세계로 눈을 돌리다

지금까지의 논의는 어디까지나 국내에서의 경제 거래를 전제로 한 이야기들이었습니다. 그러나 경제는 국내에만 국한되는 것이 아닙니다. 우리 주변을 둘러봐도 외국 수입품이 넘쳐납니다. 또한 국내 제조업체가 생산한 다양한 제품이 외국으로 수출되고 있습니다. 그리고 최근에는 국내 관광지가 외국 관광객들로 붐비고 있습니다. 필자는 지금까지 대학교수로 재직하면서 외국에서 오는 수많은 유학생을 만나고 있습니다.

이 장에서는 세계로 눈을 돌려보겠습니다. 우리는 왜 외국과 경제적인 거래를 할 필요가 있을까요? 또한 외국과 거래를 하려면 무역수지나 환율 등, 지금까지는 언급되지 않았던 중요한 지표에 대해 최소한의 내용은 알아 둘 필요가 있습니다. 세계로 눈을 돌린다고 해도 경제학적 발상이나 접근법은 국내의 경우와 마찬가지로 거의 그대로 사용된다는 점도 알아두시기를 바랍니다.

1 왜 외국과 무역 거래를 하는가?

† 비교 생산비용 이론의 개념

우리가 국내에서만 경제활동을 하는 것이 아니라 외국과 다양한 거래를 하는 것은 그만큼 우리에게 이점이 있기 때문입니다.

그 이유는 옛날부터 **비교 생산비용 이론**을 들어 많이 설명되었습니다. **리카르도**(D. Ricardo, 1772-1823)에 의해 제창된 이 비교 생산비용 이론은 간단히 말해, 타국에 비해 자국이 자신 있게 잘 만드는 재화의 생산에 집중하고 — 이것을 **특화**라고 합니다 — 그 재화를 외국에 수출함과 동시에, 자국이 잘 만들지 못하는 재화는 외국으로부터 수입하는 국제 분업을 실시함으로써 모두가 행복해진다는 것입니다.

A 국과 B 국 간의 경제 거래를 한번 생각해 보겠습니다. 양국에서는 무역 거래를 하기 전에 공산품과 농산물을 각각 1단위씩 생산하고 있었다고 가정합시다. 즉, 두 나라의 공산품과 농산물을 합치면 각각 2단위씩 생산하고 있습니다.

표 3은 양국에서 각각의 재화 1단위 생산에 필요한 노동자 수를 나타낸 것입니다. A 국의 총노동자 수는 120명, B 국은 A 국보다 작은 나라이므로 총노동자 수는 40명이라고 가정하고, 다른 재화의 생산은 없다고 가정합시다.

표 3 물가지수 (라스파이리스 물가지수) **구하는 법**

	공업제품 1단위 생산하는 데 필요한 노동자 수	농산물 1단위 생산하는 데 필요한 노동자 수
A 국	40	80
B 국	30	10

우선 농산물과 공산품 모두 B 국이 A 국보다 적은 수의 노동자로 생산을 하고 있습니다. 즉, 모든 재화에 대해서도 B 국은 A 국보

다 생산성이 높습니다. 이러한 상태를 B 국은 A 국에 비해 **절대 우위**에 있다고 합니다.

좀 더 자세히 살펴보도록 하겠습니다. A 국은 공산품을 1단위 생산하는 데 40명, 농산물을 1단위 생산하는 데 80명이 투입된다고 했을 때, 농산물 생산은 공산품에 비해 2배의 인력이 필요합니다. 이에 비해 B 국은 공산품을 1단위 생산하는 데 30명, 농산물을 1단위 생산하는 데 10명이 투입되기 때문에 농산물 생산은 공산품에 비해 3분의 1의 인력 투입으로 충분합니다.

즉, A 국과 B 국을 비교하면 A 국은 공산품 생산을, B 국은 농산물 생산을 상대적으로 잘한다고 할 수 있습니다. 이때 A 국은 공산품 생산에서는 B 국보다 **비교우위**에 있고, B 국은 농산물 생산에서는 A 국보다 비교우위에 있다고 말할 수 있습니다.

그렇다면 양국이 자신이 잘하는 재화의 생산에 특화하고 그것을 무역으로 주고받으면 어떻게 될까요? A 국은 120명의 노동자 전원을 공산품 생산에 투입하기 때문에 공산품은 3 단위 생산이 가능해집니다(농산물의 생산은 제로). 한편, B 국은 40명의 노동자 전원을 농산물의 생산에 투입하기 때문에 농산물은 4 단위 생산이 가능해집니다(공산품의 생산은 제로).

이때 양국의 생산량을 합하면 공산품은 3단위, 농산물은 4단위 생산이 가능해집니다. 특화되기 전에는 양국을 합한 공산품과 농산물의 총생산량이 모두 2단위였기 때문에 양국 소비자가 특화와 무역 거래를 통해 누릴 수 있는 재화의 총량은 함께 증가하게 됩니다.

이것이 국제 분업의 이익이라고 하는 것입니다.

† 비교 생산비용 이론에서 빠지는 것

이 비교 생산비용 이론은 상당히 매력적입니다. 자유로운 무역거래를 하게 되면, 각국의 비교 우위가 명확해지므로 그에 따른 각국의 역할 분담(특화)에 의해, 전체가 이익을 얻을 수 있게 됩니다. 이러한 설명은 국가 간의 관계뿐만 아니라 우리 개인 간의 관계에도 해당될 것입니다. 각자 잘하는 분야로 특화해 분업하는 편이, 그룹이나 회사 전체의 능률이 높아진다는 것은 우리도 익히 알고 있는 사실입니다.

리카르도가 비교 생산비용 이론을 설명할 때 든 사례로, 산업혁명기 때 모직물과 와인을 두고 영국과 포르투갈이 한 거래는 이미 잘 알려진 이야기입니다. 영국은 모직물 생산에, 포르투갈은 와인 생산에 비교우위가 있기 때문에 상호 우위에 있는 생산으로 특화하면 양국 모두 생산량이 높아진다는 설명이 그 당시 여러 책에 소개되었습니다.

하지만 당시 산업혁명의 최첨단을 달리던 영국은 몰라도 포르투갈의 입장에서 당신네 나라는 와인을 잘 만드니 와인만 부지런히 잘 만들라는 영국의 말을 과연 기쁘게 받아들였을까요. 포르투갈도 모직물 산업을 육성하고 싶은 생각이 있었을지도 모릅니다. 비교 생산비용 이론에서는 영국과 포르투갈의 생산성이나 산업구조의 차이가 현재 상태 그대로 미래에도 변하지 않으리라는 것을 상정하고 있습니다. 이 상정이 과연 타당할까요?

여기서 중요한 것은, 와인 생산으로 특화한 포르투갈이 영국과의 무역 거래를 통해(무역 거래가 없었던 경우에 비해) 정말로 이익을 얻었는지, 만약 이익을 얻었다면 영국에 비해 어느 정도의 이익을 얻었는지 하는 점일 것입니다.

즉, 국제 분업의 이익이 어떻게 분배되는지 — 그렇게까지 제대로 논의하지 않으면 국제 분업의 이익에 관한 이야기는 완결되지 않을 것입니다. 「무역의 결과, 두 나라를 합하면 두 재화 모두 생산량이 늘었습니다. 그러니 잘된 거죠」라는 말로 그냥 끝낼 수는 없습니다. 유감스럽게도 학교에서는 이 부분에 대해 충분한 설명을 하고 넘어가지는 않은 것 같습니다.

† 새로운 무역의 움직임

비교 생산비용 이론은 국가에 따라 각 재화의 생산에 강점과 약점이 있다. 즉, 생산성의 차이를 전제로 비교우위가 있는 재화의 생산으로 특화함으로써 국제분업의 이익이 발생한다고 설명하고 있습니다. 이러한 전통적인 설명과는 달리 생산성에는 큰 차이가 없지만, 그 나라에 존재하는 자원(토지, 자본이나 노동)의 상대적인 양이 각국의 상대 우위를 결정해, 국제 분업의 이익으로 이어진다는 생각도 있습니다.

예를 들면, 국내의 노동자 수는 적지만 토지가 풍부한 나라는 광대한 경작지가 필요한 농산물 등, 토지를 많이 필요로 하는 재화(토지 집약재)의 생산에 적합하므로 그러한 재화의 가격은 타국보다 낮아질 것입니다. 한편, 이 나라는 국내 노동자 수가 적기 때문에 서비스업이나 소매업 등 많은 노동이 필요한 재화(노동집약재)의 가격은 다른 나라보다는 비쌀 것입니다. 그렇다면 그런 나라는 토지 집약재 생산으로 특화해 수출하고 노동집약재를 수입하는 편이 바람직합니다. 반대로 노동자가 풍부한 나라는 노동집약재 생산에 특화해 수출하고 토지집약재를 수입해야 할 것입니다.

그러나, 이러한 설명은 생산성과 자원량의 어느 쪽에 주목하더라도 무역을 다른 산업 간의 거래(**산업 간 무역**)로서 파악하고 있습니다. 그러나 현재는 같은 산업에 속하는 기업 간 무역 거래(**산업내 무역**)의 비율이 높아지고 있습니다. 그동안 자동차에 특화된 나라였더라도 지금은 많은 자동차가 외국으로 수출되는 동시에 외국에서도 많은 자동차가 수입되고 있습니다. 이러한 산업 내 무역이 생겨나는 이유에 대한 설명은 안타깝게도 고등학교 수업의 범위를 넘어서고 있습니다. 대학의 경제학에서는 국제 경제학이라는 수업이 있으니 관심 있는 독자들은 교재를 찾아서 꼭 한번 읽어보시기를 바랍니다.

2 무역수지 흑자 바람직한가

† 무역 수지를 파악하는 방법

한 나라가 외국과 이떤 거래를 했는지, 그 결과를 매월 통계로 확인할 수 있는 방법이 있습니다.

그중 직감적으로 가장 이해하기 쉬운 것이 수출과 수입일 것입니다. 당연히 수출은 외국에 팔아서 얻은 대금의 총액, 수입은 외국에서 사서 지불한 대금의 총액입니다. 수출에서 수입을 뺀 금액이 **무역수지**입니다.

우리는 무역 수지는 흑자일수록 좋다고 생각합니다. 외국에서 물건을 사서 지급한 돈 그 이상으로 외국에 물건을 팔아 번 돈이 많으면 무역수지는 흑자가 됩니다. 이것은 무역 거래에서 이긴 결과처럼 보일 수 있습니다. 실제로 신문이나 뉴스 등에서 하는 보도 내용을 보면, 무역흑자가 축소되었다든가 적자로 돌아섰다며 마치 국력이 저하된 것처럼 해설하기도 합니다.

교과서적으로 말하면, 그건 옳은 생각이 아닙니다. 앞에서 말한 비교 생산비용 이론의 형태로 각국이 비교 우위에 의한 무역 거래를 하고 있다면 어느 나라든 경제적인 이익을 보고 있을 것이기 때문입니다. 그러니 수입품을 구입한 국내의 소비자도 좋아할 것이고, 수출품을 구입한 외국의 소비자도 마찬가지로 좋아해야 할 것입니다. 그러한 상호 무역 거래의 결과, 무역 수지가 적자가 된다고 해도 그 자체를 나쁘다고 평가할 수 없습니다. 무역적자가 오랫동안 계속되고 있어도 그 나라 국민이 해외 수입품으로 풍요로운 생활을 유지하고 있다는 것을 의미한다고도 할 수 있기 때문입니다.

다만, 무역수지 흑자나 적자를 전혀 신경 쓸 필요가 없다는 말은 아닙니다. 그것이 국내 경제의 움직임과 밀접하게 관련되기 때문입니다. 다음은 그런 이야기를 하기 위해 무역수지에 서비스 거래까지 포함한 경상수지라는 지표를 먼저 소개하겠습니다. 그리고 그 경상수지 흑자나 적자의 의미를 다시 생각해 보도록 합시다.

† 외국과의 거래를 통계로 정리하다

외국과의 거래는 공산품이나 원자재와 같은 재화의 거래만이 아닙니다. 외국과의 거래 수지 균형을 좀 더 넓게 잡은 통계로 **경상수지**라는 지표가 있습니다. 경상수지는 앞에서 설명한 바와 같이 재화의 수출에서 수입을 뺀 무역수지 외에 여행이나 특허 사용료 등 서비스의 교환을 대상으로 한 **서비스 수지**, 배당이나 이자 등 투자로부터 얻은 이익의 교환을 나타내는 **제1차 소득 수지**, 그리고 대가를 수반하지 않는 무상의 자금 원조 등의 **제2차 소득 수지**로 구성됩니다. 요컨대, 일정 기간(1개월이나 1년 등)의 해외와의 재화나 서비스의 거래, 투자 수익의 교환 등 외국과의 경제 거래로 생긴 수지가 경상수지로 정리되고 있습니다.

국제수지 통계에는 이 경상수지 외에 직접투자나 증권투자, 금융 파생상품, 기타 투자, 외환보유액으로 구성되는 **금융수지**, 그리고 그밖에 **자본이전 등 수지**라는 항목으로 구성되어 있습니다. 금융수지는 그것이 흑자라면 외국에 빌려주는 돈에서 외국에서 빌린 돈을 뺀 금액이 늘어난 것을 의미합니다. 자본 이전 등 수지는 특허권 · 저작권 등의 매매나 도로, 항만 등의 인프라 정비 등 대가 없이 실시한 원조의 결과를 나타내고 있어, 특허권을 구입하거나 원조를 하게 되면 마이너스가 됩니다.

† 재화·서비스의 움직임과 돈의 움직임은 표리일체

여기서 좀 더 복잡하게 설명하자면 경상수지와 자본이전 등 수지를 합한 값은 뒤에서 설명하겠지만 금융수지에 일치하는 성격의 것입니다. 그러나 실제로는 일치하지 않고, 그 차이를 오차 탈루로 처리하고 있습니다. 즉,

경상수지 + 자본이전 등 수지 - 금융수지 + 오차 탈루 = 0

이라는 관계식이 항상 성립됩니다.

이 관계식은 다소 알기 어렵게 되어있지만, 다음과 같이 이해해두면 됩니다(실제의 거래와는 다릅니다). 경상수지가 흑자가 된다는 것은 수출 대금을 말하는 것으로 외국에서 얻은 돈이 수입 대금으로 외국에 지불한 돈을 웃도는 것입니다. 거기에, 소액이지만 자본이전 등 수지의 몫이 추가됩니다. 요컨대, 경상수지와 자본이전 등

수지의 합계는 외국과의 무역 거래 등의 결과, 수중에 늘어난 외화의 합계를 의미합니다.

국가는 그렇게 해서 얻은 새로운 외화의 일부를 외국에 직접 투자하거나 외국의 국채나 회사채의 구입에 충당하기도 합니다. 그래도 외화는 수중에 남습니다만, 그 일부는 외화 준비라는 형태로 정부 · 중앙은행이 맡습니다. 그 합계를 다시 정리한 것이 금융수지이므로 경상수지와 자본이전 등 수지의 합계와 일치하게 됩니다.

대략적으로 말하면 경상수지와 자본이전 등 수지의 합계는 어떤 거래로 외국에서 돈을 벌었는지, 그리고 금융수지는 그렇게 해서 번 돈을 어떤 형태로 외국에 대한 자산으로 새로 보유했는지를 정리한 것입니다. 이렇게 생각하면 양자가 일치하는 것이 이해가 될 것입니다. 다만 실제로는 통계상의 오차나 누락이 있기 때문에 그만큼을 오차 탈루로 처리하여 등호가 항상 성립되도록 처리하고 있습니다.

덧붙여 자본이전 등 수지는 액수가 작고, 오차 탈루는 통계상의 처리이므로 그 2개의 항목을 무시하고, 경상수지 - 금융 수지 = 0 즉, 「경상 수지는 금융 수지와 같다」라고 기억해 두면 큰 문제는 없습니다. 이것은 재화 · 서비스의 움직임과 돈의 움직임이 국제수지 통계에서는 표리일체가 되고 있음을 의미합니다.

† 무역수지에서 투자수익으로

여기서 우리가 주의해야 할 것은, 외국과의 경제 거래하면 우선 머리에 떠오르는 것이 공산품이나 원재료 등 재화의 수출입입니다. 그래서 경상수지의 움직임은 무역수지에 의해 상당히 좌우될 것입니다. 실제로 2000년대 전반까지는 그러한 경향이 명확하게 나타났습니다.

그러나 최근에는 상황이 크게 다릅니다. 경상수지는 지금까지와 마찬가지로 기본적으로 흑자인데, 그 중 상당 부분이 무역수지 흑자가 아니라 1차 소득수지 흑자로 설명된 것입니다. 한편, 무역수지는 거의 균형을 이룬 상태를 지속하고 있습니다.

왜 이런 변화가 일어나고 있는 것일까요. 일본 기업은 1980년대에 들어서 생산 거점을 해외로 이전하여 자회사를 적극적으로 설립했습니다(그 배경에는 일본의 수출품이 외국에서 볼 때 엔고의 현상으로 비교적 비싸지므로, 기업들이 그 영향을 피하려고 한 것임을 알 수 있습니다). 자회사에서 얻은 이익이 국내로 환류되면서 1차 소득수지 흑자가 증가하고 있는 것입니다. 이와 같이 일본은 재화의 수출로 버는 시대에서, 외국으로부터 얻는 투자 수익으로 버는 시대로 이미 옮겨가고 있는 것입니다.

이러한 변화는 바람직할까요. 기업의 합리적인 행동의 결과로 그렇게 되었으니, 바람직하다고 평가해도 좋다는 견해도 있을 것입니다. 그러나 제조업의 해외 이전이 과도하게 진행되면, 생산 활동과 기술개발이 서로 자극되는 선순환이 국내에서 형성되기 어려워집니다. 그것을 생각하면, 외국으로부터 얻을 수 있는 투자 수익에 너무 의존하면 국제 경쟁력에 있어서 바람직하지 않은 면도 생길 수 있습니다.

† 경상수지와 GDP의 관계

마지막으로, 무역거래에서 볼 수 있는 수출입 — 이하의 설명에서는 재화뿐만 아니라 서비스의 수출입도 포함 — 과 제4장에서 설명한 GDP와의 관계를 정리해 보겠습니다. 여기에 나오는 것은 무역수지가 아니라 경상수지입니다.

GDP가 국내 총생산인 동시에 국내 총지출임을 상기해 주시기 바랍니다. 수출은 국내 총지출을 구성하는 중요한 항목 중 하나입니다. 수출은 국내에서 생산된 재화나 서비스 중, 외국으로 판매한 부분이므로 수출이 GDP의 구성 항목이라는 것을 직감적으로도 이해할 수 있습니다.

한편, 수입은 GDP에서 공제되는 항목입니다. 왜 그럴까요? 수출에 비하면 설명하기 어려운 부분입니다. GDP는 국내 총지출, 즉 국내의 소비나 투자 등 우리 소비자나 기업, 정부가 구입한 재화 · 서비스의 합계이기도 한데, 그중에는 외국에서 수입한 재화 · 서비스도 구별하지 않고 포함되어 있습니다. 그러나 그것들은 국내가 아닌 외국에서 생산된 것이므로 국내에서 생산된 재화 · 서비스의 총계인 GDP를 계산할 때는 차감해야 합니다. 그래서 수입은 공제 항목으로 되어 있는 것입니다.

좀 더 복잡한 이야기입니다만, 재화 · 서비스의 수출에서 수입을 공제한 경상수지(이하, CA라는 약자로 표시)는 국내에서 생산된 재화 · 서비스의 총계, 즉 GDP(Y) 중 민간의 소비(C)와 투자(I)나 정부 지출(G)로서 지출되지 않고 남은 부분과 같아집니다. 따라서,

$$Y = C + I + G + CA$$

라는 식이 항상 성립합니다. 경상수지는 국내에서 팔리지 않은 재화 · 서비스입니다. 그리고 그만큼은 외국이 사고 있는 것입니다. 그래야 재화나 서비스의 수급이 균형을 이룰 수 있습니다.

반면 GDP는 우리가 얻은 소득의 합계이기도 한데, 거기서 우리는 정부에 세금(T)을 내고, 쇼핑이나 레저 등의 소비(C)를 하고, 그래도 남는 돈을 저축(S)으로 돌리고 있습니다. 즉,

$$Y = C + T + S$$

라고 하는 식이 항상 성립됩니다. 이상의 2개의 식을 연결하여, Y와 C를 소거하면,

$$CA = (S - I) + (T - G)$$

라는 관계식을 얻을 수 있습니다. 즉, 경상수지는 국내의 민간 저축 중 투자로 돌아가지 않은 만큼(S-I)과, 세수로부터 정부 지출을 공제한 재정수지(T-G)의 합계와 같아집니다.

즉, 경상수지는 국내에 남은 돈의 양과 같습니다. 그 남은 돈은 외국에 대출되지 않으면 균형을 이룰 수 없습니다. 이것은 금융수

지가 흑자가 되는 상황입니다.

† 경상수지는 국내 경제의 모습을 보여주는 거울

여기까지 설명을 들었다고 195쪽의 「경상수지는 금융수지와 같다」(자본이전 등 수지와 오차탈루는 무시합니다)는 말을 쉽게 이해할 수는 없을 것입니다. 경상수지가 흑자(적자)인 것은 금융수지가 흑자(적자)인 것과 같습니다.

직감적으로 다음과 같이 이해해도 됩니다. 국내에서 생산된 재화 · 서비스를 국내 소비자나 기업, 정부가 다 구매하지 않았다고 가정합시다. 이때 국내에는 돈이 별로 없고 재화 · 서비스도 팔리지 않았습니다. 팔리지 않은 재화 · 서비스를 외국이 대신 구입해 주고(경상수지가 흑자), 정부에 남은 돈을 외국에 빌려준 돈(금융수지가 흑자)으로 과부족 없이 쓰고 있습니다.

이렇게 쓰면 「국내에 돈이 남는데 동시에 국내에서 재화 · 서비스가 남는 게 있을까?」라고, 신기해하는 독자도 있을 것입니다. 이 점은 다음과 같이 이해해 두면 좋을 것입니다.

국내에서 생산된 재화 · 서비스의 매출 총액은, 그 생산에 의해서 얻은 소득 총액임과 동시에, 국내에서의 매출과 외국에서의 매출의 합계이기도 합니다. 그래서 외국에서의 매출은 ① 국내의 소득 총액 중 국내에서의 재화 · 서비스를 구입하고 남은 돈의 액수인 동시에 ② 국내에서 생산된 재화 · 서비스 중 국내에서 팔리지 않고 남은 것이기도 합니다. 여기서는 더 나아가 국내에서 돈이 남는 상황은 국내뿐만 아니라 외국에서의 매출이 있어야 성립된다는 점에 주목하십시오. 요컨대, 이야기가 빙글빙글 돌고 있는 것입니다.

이러한 점을 생각하면, 경상수지는 동시에 금융수지이기도 한 것, 그리고 국내에 있는 돈이나 재화 · 서비스의 상황을 비추는 거울과 같은 역할을 하고 있다는 것을 알 수 있습니다. 물론 경상수지 흑자는 바람직하고 적자는 바람직하지 않다는 것을 여기서 다루고 있는 것이 아닙니다. 국내 경제가 어떤 모습을 하고 있고, 또 그것이 외국과 어떤 관계에 놓여 있는지를 알려면 역시 경상수지는 중요한 정보를 제공하고 있다는 것입니다.

3 환율 상승과 약세 중 어느 쪽이 더 좋을까

† 지금 환율은 강세? 약세?

독자 여러분들 중에는 해외여행 경험이 있는 분이 많을 것입니다. 여행지에 가서 쓰려고 본인이 가지고 있는 현금을 달러나 유로 등 외국 통화로 환전을 하려고 할 때, 적용되는 환율이 **외환 시세**입니다. 외환 시세는 통상, 1달러(또는 1유로)에 현지 통화로 얼마라는 형태로 표현됩니다. 엔화의 경우에는 1달러 130엔이었다가 1

달러 140엔이 되면, 이것이 엔화 강세인지 엔화 약세인지 여러분은 바로 알 수 있나요? 1달러의 가격이 엔화 기준으로 보면 비싸지기 때문에 달러 강세, 즉 엔화 약세가 됩니다. 익숙해지면 쉽게 알 수 있지만, 숫자가 높아지니까 엔화가 강세가 아닐까 라는 생각이 순간 들기도 하죠.

그럼, 엔화 강세 또는 엔화 약세 중 어느 쪽이 더 좋을까요. 해외여행을 가서 쇼핑을 하려는 사람에게는 엔화 강세가 더 좋겠지만, 외국으로 수출을 하는 제조업체 입장에서는 그 반대일 것입니다. 엔화가 강세라면 외국 통화로 환산하면 가격이 높아지므로 판매가 저조해집니다. 한편, 원재료를 수입하고 있는 기업 입장에서는 엔화 강세는 비용 절감이 되니 좋습니다. 외화로 예금을 하는 사람의 입장에서는 어떨까요? 예금을 해지해서 엔화로 바꾸게 되면 엔화 강세로 환전 시 더 적은 엔화를 받게 되어 손해가 됩니다.

이처럼 「엔화 강세와 엔화 약세 중 어느 쪽이 좋을까?」라는 질문에 대한 대답은 입장에 따라 크게 다를 것입니다. 마찬가지로 「바람직한 외환의 수준은 어디로 볼 것인가」라든가, 「현재의 엔화 약세는 과도한가」라는 평가도 어렵습니다. 미디어에서 보도하는 방법에도 주의가 필요합니다. 미디어는 엔화 약세 때는 엔화 약세로 곤란한 경우에 대해서는 자주 거론하지만, 엔화 약세로 좋은 경우에 대해서는 잘 다루지 않습니다(반대는 반대).

어쨌든, 외환 시세는 사람들의 경제 활동에 큰 영향을 미치기 때문에 그 결정 메커니즘에 대해 이전부터 많이 다루고 있습니다. 다음에는 이 부분을 한번 소개해 드리겠습니다.

† 외환 시세는 어떻게 결정되는가

외환 시세는 어떤 요인에 의해 결정되는가 — 누구나 그것을 알고 싶지만, 이거다 싶은 결정적인 답은 유감스럽게도 찾을 수 없습니다.

직감적으로 이해하기 쉽고, 외환 시세의 장기적인 트렌드를 좌우하는 이론으로서 **구매력 평가설**이라는 것이 있습니다. 무역 거래가 되고 있는 어떤 재화 1개의 가격이 미국에서는 2달러, 일본에서는 280엔이었다고 합시다. 그때, 1달러는 일본 엔화로 140엔의 가치가 있는 것이 됩니다. 이 가치를 구매력이라고 하며, 달러와 엔화의 구매력 비율은 엔화 대 달러 환율이 된다고 생각하는 것입니다. 이것이 구매력 평가설의 개념입니다.

물론, 재화는 무수히 많기 때문에 실제로는 양국의 일반적인 물가 수준을 비교합니다. 또, 외환 시세의 변화의 방향을 구매력 평가설로 생각하기도 합니다. 예를 들어, 어느 시점을 기준으로 그 이후 미국보다 일본에서 인플레이션이 진행되고 있다면 엔화의 구매력이 상대적으로 저하되므로 외환 시세는 엔화 약세의 방향으로 바뀔 것입니다.

다만, 이 구매력 평가설로는 날마다 변하는 외환 시세의 움직임을 설명할 수 없습니다. 설명할 수 있는 것은 외환 시세의 장기적인 트렌드나 대략적인 변화의 방향뿐입니다.

그렇다면 달러와 엔화의 수급 관계는 어떨까요? 달러를 엔화로 바꾸고 싶은 사람이 많을수록 엔화 강세가 될 것입니다. 예를 들어, 일본의 경상수지가 흑자라면 일본 시장에는 수출로 획득한 달러의 공급이 증가하기 때문에 그것을 엔화로 바꾸려는 수요도 증가하여 엔화 강세가 될 것이라고 예상합니다. 반대로 일본의 경상 수지가 적자라면 엔화 약세가 될 것입니다. 수급으로 가격이 결정된다는 시장 원리에서 보면 자연스러운 발상이라고 할 수 있습니다.

그러나 달러나 엔화의 수급은 경상수지의 변동으로부터 생기는 레벨과는 자릿수가 크게 다른, 거액의 자금이 순식간에 오가는 국제 금융 시장에서 결정됩니다. 자산을 엔화로 보유하고 있는 것이 유리하다고 판단되면, 일순간에 거액의 자금이 엔화 자산의 구입을 향해, 엔화 강세의 방향으로 흔들립니다. 반대의 경우는 엔화 약세입니다. 경상수지가 통화 수급에 미치는 영향은 그리 크지 않습니다.

† 국제금융 전문가들은 무엇에 주목하고 있는가

국제금융시장에 참가하고 있는 전문 투자자들이 우선 주목하는 것은 자국과 외국 간의 금리 차이입니다. 일본의 금리가 상승하면 자산을 엔화로 보유하는 편이 유리하기 때문에 엔화 자산에 대한 수요가 증가해 엔화가 강세가 됩니다. 그러나 투자자에게는 당장의 금리 차이뿐만 아니라 향후 전망도 중요합니다. 예를 들어, 일본은행이 금융 완화를 그만두고 긴축으로 돌아선다면, 즉 금리를 올릴 것이라는 예상이 강하게 들면 시장 참여자들은 엔화를 살 것입니다. 엔화 자산에 붙는 금리가 상승할 것으로 전망되기 때문입니다.

또한, 어떠한 이유로 장래에 엔화 강세가 전망된다면, 시장 참여자들은 현시점에서 엔화를 사두고, 엔화 강세가 되는 시점에서 엔화를 팔아 시세차익을 얻으려고 할 것입니다. 그러한 행동을 취하는 시장 참여자들이 많으면, 엔화를 사려는 움직임이 실제로 강해져, 엔화 강세가 진행됩니다. 즉, 엔화 강세가 될 것이라는 예상이 실현되어 버리는 것입니다. 이러한 외환 시세와 전망에 영향을 미치는 요인에는 좁은 의미의 경제 움직임뿐만 아니라 국내외 정치 정세도 포함됩니다.

실제 국제금융시장에서는 시장 참여자들에 의한 이러한 의도가 교차하여, 외환 시세는 복잡한 움직임을 보입니다. 시세가 단기간에 크게 변동하거나 한 방향으로 크게 출렁이는 경우도 적지 않습니다. 시세 변동이 너무 크면 경제활동에도 지장이 생길 수 있기 때문에 정부가 시장에 개입하기도 합니다. 예를 들어 엔화 약세가 지나치면 정부는 엔화를 사고 달러를 팔아서 그 움직임을 억제하려고 합니다. 실제로는 개입하지 않는데, 예를 들어 「엔화 약세가 지나치면 개입한다」고 정부가 경고하는 것만으로도 시장의 흐름이 바뀔 수도 있습니다.

*덧붙여 외환 시세는 달러 시세뿐만 아니라, 유로, 중국 위안 등 다양합니다. 엔화 강세가 달러에 대해 진행될 뿐, 그 이외의 통화에

대한 시세는 그다지 변하지 않는 상황도 있을 수 있습니다. 무역 거래는 다양한 통화로 결제되기 때문에 엔화의 시세가 다른 통화에 전체적으로 어떤 변화를 주고 있는지 알고 싶은 경우도 있습니다. 그런 경우에는 엔화의 각 통화에 대한 환율의 움직임을 무역 거래에서 각국과의 거래 웨이트로 가중 평균해 지수화한 실효 환율이라고 하는 지표를 참고할 수 있습니다.

4 깊어지는 세계의 연결

† 의미가 희미해지는 국경

국가와 국가 간에 무역 거래가 자유롭게 이루어지면 소비자와 기업이 경제적인 이익을 얻을 수 있다는 것이 경제학의 기본적인 생각이었습니다. 그때, 나라와 나라의 경계인 국경의 의미도 희미해집니다. 이 점은 1절에서 설명한 비교 생산비용 이론에서도 분명히 나타났습니다. 국가에 따라 재화 생산 기술에 차이가 있더라도 각국이 비교우위에 있는 재화 생산으로 특화하여 수출하면 어떻게 될까요? 그 재화의 생산기술이 상대적으로 떨어지는 나라도 비교우위에 있는 나라에서 재화를 수입할 수 있습니다. 또한 국내 노동자 수가 적더라도 노동자 수가 풍부한 나라가 생산하고 수출하는 노동집약재를 수입하면 무역 거래가 없는 경우보다 더 많이 구입할 수 있습니다.

또한 생산에 필요한 돈이 국경을 넘어 이동할 수도 있습니다. 공장 건설에 자금이 필요한데 국내에 돈이 충분하지 않다면 돈을 빌리기 위해 높은 이자를 낼 각오를 해야 합니다. 그러나 돈이 넉넉하여 돈을 빌려주더라도 높은 이자를 받지 못하는 나라가 있다면 그 나라의 투자자들은 자본이 부족한 나라에 돈을 빌려주려고 할 것입니다. 그렇게 되면 국경은 그대로인데 돈이 외국에서 들어옵니다.

노동은 어떨까요? 1970년~1980년대까지 노동은 국경을 넘어 이동하지 않는다고 상정하는 것이 경제학 교과서에서도 일반적이었지만, 현재는 상황이 전혀 다릅니다. 노동력 부족으로 임금이 낮은 나라의 노동자가 임금이 높아지고 있는 나라로, 대량으로 유입되고 있기 때문입니다.

이렇게 재화나 그것을 생산하기 위한 돈, 그리고 노동이 국가와 국가 간을 자유롭게 움직이면 어떻게 될까요? 물론 외환 시세에 따른 조정도 일어나지만, 다른 재화끼리의 상대 가격은 어느 나라에서나 마찬가지가 됩니다. 게다가 돈을 빌리는 비용을 나타내는 이자율도 돈의 이동에 제약이 없으면, 각국에서 같은 수준이 됩니다. 돈이 부족하고 이자율이 높은 나라에서는 이자율이 떨어지고 그렇지 않은 나라에서는 이자율이 상승하기 때문입니다. 노동의 대가인 임금도 노동자들의 이동이 활발해지면 같은 이유로 국가별 격차는 축소될 것입니다. 또한 재화와 달리 무역 거래가 어려운 서비스의 가격 또한 돈이나 노동의 이동이 진행되면 어느 나라에서나 비슷한 수준으로 변화할 것입니다.

물론 실제로는 위에서 설명한 것 같은 변화가 원활하게 진행되는 것은 아닙니다. 그러나 재화와 돈, 노동의 움직임이 자유로워지면 국경의 의미가 희미해지게 됩니다. 그것은 각국 국민의 경제적인 이익의 증가를 가져오게 됩니다. 만약 그렇다면 관세나 수입 제한 등 무역 거래를 제한하고 제동을 거는 제도적인 구조는 가능한 한 배제해야 한다는 것입니다. 그러한 관점에서 자유무역을 목표로 하여 무역 면에서 발생하는 다양한 분쟁을 처리하는 국제적인 조직으로서 **세계 무역 기구**(**WTO** : World Trade Organization)가 있습니다.

† 보호주의와 지역 경제 통합

자유무역이 우리에게 가져다주는 경제적인 이익은 어디까지나 전체로서 본 이익이며, 그것을 배분해도 그 메리트는 「넓고 얇게」 밖에 느낄 수 없는 경우가 많습니다. 그리고 무역으로 인해 오히려 경제적인 손실을 직접적으로 입는 사람도 나옵니다. 국제적인 경쟁력을 잃고 그야말로 비교우위를 갖지 못하는 산업 분야의 기업과 노동자들은 자유무역에 위협을 받을 위험이 있습니다. 그런 관점을 부각하여 말하는 사람들이 정치적으로 눈에 띄기 때문에 특정 산업의 보호를 목표하는 정책이 강구되는 경우도 적지 않습니다. 그런 정책을 보호주의적인 정책이라고 합니다. 각국 정부는 정도의 차이는 있지만 이러한 **보호주의**적인 주장에 맞서 있습니다.

물론 WTO는 자유무역을 추구하고 회원국 간에 발생하는 무역에 관한 다양한 분쟁을 국제적인 틀 안에서 해결하려고 합니다. 그러나 회원국 간 이해관계가 얽혀 분쟁이 잘 해결되지 않아 세계 각국이 공통적으로 지향해야 할 목표를 설정하는 것이 어려워지고 있습니다. 한편, 무역 거래에 의한 이익을 함께 하기 위해서는 각국 간 제도의 조정이나 개혁이 필요하다는 인식은 계속 강해지고 있습니다.

이러한 상황을 배경으로 WTO라는 틀에만 의지하는 것이 아니라 인근 국가 중에서 관세나 그 외의 무역 장벽, 서비스 무역에 관한 규제, 투자나 노동 환경의 제한을 축소 · 철폐하려는 움직임이 두드러지고 있습니다. 이러한 움직임을 **지역 경제 통합**이라고 부릅니다. 그 대표적인 예가 특정 나라 사이나 지역에서 관세나 각종 무역 장벽을 철폐하여 재화나 서비스의 유통을 자유롭게 실시할 수 있도록 하는 **자유 무역 협정**(**FTA** : Free Trade Agreement)입니다.

지역 경제 통합에는 일단 긍정적인 효과를 기대할 만할 것입니다. 통합의 구조 조성에 지역적인 사정이 잘 반영되는 점도 장점이 될 것입니다. 그러나 이러한 긍정적인 효과는 기본적으로는 통합에 참여하는 국가들에 발생하는 것이며, 비참가국들에는 부정적인 효과가 미칠지도 모릅니다. 또한 참가국 간에도 효과의 크고 작은 차이가 있을 것입니다. 한 나라 안에서도 통합으로 인해 손실이 나는 분야도 나올 것입니다. 이러한 부정적인 효과를 무효화할 정도의 긍정적인 효과가 지역 경제 통합에서 얻어질 수 있을지 현재로서는 알 수 없습니다.

† 세계 격차 문제를 어떻게 해결할 것인가

경제학에는 한정된 자원을 가능한 한 효율적으로 배분하는 효율성과 형편이 어려운 사람들을 지원하여 격차를 축소하는 공평성이라고 하는 두 가지 관점에서 사물을 생각하는 특징이 있다고 이 책에서 반복적으로 설명하였습니다. 바람직한 무역 거래에 대한 것은 그중에서 효율성의 관점이 중심이 됩니다. 그러나 세계 경제에는 공평성의 관점에서 논의해야 할 문제도 많습니다.

세계는 경제 발전의 정도가 상당히 다른 나라들로 구성되어 있습니다. 국민이 평균적으로 잘살고 있는 나라들이 있는 반면, 생활수준이 낮아 적지 않은 국민이 빈곤에 시달리고 있는 나라들도 있습니다.

세계 경제가 전체적으로 성장하면 세계 빈곤 문제도 점차 해결되고 국가 간 경제 격차도 소득 재분배를 통해 축소된다는 시나리오도 그릴 수 없는 것은 아닙니다.

하지만 현재 상황은 훨씬 복잡한 것 같습니다. 젊은 인구층이 두터운 신흥국(동남아 각국이나 인도 등)이 앞으로 치고 올라올 수 있다는 견해도 있고, 과거에는 풍요로웠던 나라들이 오히려 가난해질 것이라는 전망도 있습니다. 돈이나 노동의 움직임에 경계가 사라지면 국가를 단위로 하여 사물을 생각하는 것 자체가 무의미해질 가능성도 있습니다.

그러나 현실적인 문제로 지정학적 요인과 불안정한 정치 상황이 반영되어 빈곤 문제가 심화하고 국민이 건강하고 문화적인 사회생활을 할 수 없는 나라들이 존재합니다. 우리가 그러한 나라에 사는 사람들과 비교하여 적어도 평균적으로 풍족한 생활을 하고 있다면, 그 나라들을 지원하는 것이 공평성의 관점에서 바람직합니다. 경제 지원은 돌고 돌아 자국의 경제적 이익과 세계 전체의 경제 발전에 기여하기 때문에 추진해야 한다는 의견도 있습니다. 그 자체로 결코 잘못된 것은 아니지만, 경제학에서 공평성의 관점은 본래 대가를 기대하지 않는 것입니다.

경제적으로 어려운 입장에 있는 나라들을 지원하는 방법으로는, 경제활동을 지원하는 인프라 정비나 기술 원조부터 교육이나 의료, 생활 환경의 개선까지 다양한 것이 있습니다. 국제연합에는 그러한 지원 구조가 많이 준비되어 있고, 최근에는 소셜 · 비즈니스 등 다양한 형태로 국제 개발 · 경제 지원도 활발해지고 있습니다.

게다가 경제 지원 분야에서 경제학 나름의 대응 방식도 찾아볼 수 있습니다. 예를 들면, 한정된 자원 안에서 어떠한 경제 지원 방법이 효과적인지 실험 사례를 몇 가지 시도하여, 그 결과를 통계적으로 확실히 검증 · 비교한 다음, 실제 지원책의 입안에 살려가는 접근방식입니다. 이것이 세계인의 행복 추구에 경제학이 기여하고 있음을 보여주는 한 예라고 할 수 있습니다.

마지막으로

어떠셨나요? 경제학이라는 학문에 대해 지금 어떤 생각이 드시나요? 티셔츠를 사는 이야기부터 연금과 재정 적자, 무역 거래 이야기까지 좀 과욕을 부린 건 아닌지 모르겠군요. 특히 고등학생 여러분에게는 소화 불량이 생길만한 부분도 있었을지도 모릅니다. 이 책을 다 쓴 지금 필자는 조금 딜레마에 빠져 있습니다.

먼저, 이 책을 훑어본 여러분이 경제학 특유의 「관점」이나 경제 자체에 조금이라도 흥미를 느끼고, 더 나아가 경제학 공부를 좀 더 심화시켜 간다거나 경제 관련 뉴스나 기사에 관심이 생긴다면 필자로서 더 이상의 기쁨은 없을 것 같습니다. 경제 정보의 양도 질도 필자가 학생이었을 때와 비교해 보면 눈에 띄게 좋아졌습니다. 관공서나 일반기업, 금융기관들이 홈페이지나 SNS를 통해 충실하게 정보를 업데이트해 주고 있고, 책이나 뉴스 · 잡지 등 인터넷을 통해서도 풍부한 경제 정보를 아주 간단하게 접할 수 있습니다.

또한, 이 책을 읽고 대학에 가서 제대로 경제학을 공부하고 싶어진 독자가 있다면, 대학에서 경제학을 가르치고 있는 교수로서도 진심으로 감사한 마음이 들 것입니다.

그러나 한편으로는, 솔직히 고등학생들이 경제학 공부에 별로 신경을 쓰지 않았으면 좋겠다고 생각합니다. 학문에는 「가르칠 때」와 「배울 때」가 있는 것 같습니다. 고등학교 시절에 반드시 경제학을 배울 필요가 있다고 생각하지는 않습니다. 더 나이가 든 이후에

해도 늦지 않다고 생각합니다. 이러한 생각은 이번 개정판을 쓰면서 한층 더 강해졌습니다.

고등학생 때는 외국어(영어)나 수학을 확실히 공부하고, 자연과학(이과)의 기초를 익히고, 세계의 명저나 고전에 친숙하고, 그리고 역사를 배우는 것이 훨씬 중요합니다. 그런 여러 가지 지식을 몸에 익혀 두는 편이 길은 멀지만 결국에는 경제학에 대한 이해가 깊어질 것으로 생각합니다.

한편으로 경제학에 관심을 두면 좋겠다고 하면서 다른 한편으로는 고등학교 때는 경제학을 너무 공부하지 말라고 하니까 제가 봐도 완전히 모순된 이야기를 하고 있는 것 같습니다. 요컨대, 어떤 선택을 할 것인지는 모두 독자 여러분에게 맡기고 싶습니다.

색인

고등학생을 위한 경제학 입문 [신판]

초판 발행 2024년 8월 25일

지은이 오시오 타카시

옮긴이 정유진
일러스트레이션 스야마 나츠키

발행인 김예은
발행처 노북(no book)
주 소 서울특별시 서초구 강남대로53길 8 11층
전 화 050-71319-8560
팩 스 050-4211-8560
출판등록일 2018년 7월 27일
등록번호 제2018-000072호
E-mail nonbookorea@gmail.com

ISBN 979-11-90462-54-9 [03320]